本書の発刊に寄せ

成長と挑戦の記録─新たな挑戦へ

　本書は、東田全央さんのソーシャルワーカーへの成長と挑戦の記録です。

　ソーシャルワーカーは、価値に根ざした専門職であり、個人的価値と職業的価値がどのようにつながっているか、自覚して実践に取り組む必要があります。東田さんの価値の原点は、阪神・淡路大震災の被災者としての体験です。支援の権力性への批判的視点や支援の必要性・可能性への認識が、ソーシャルワークの学習・研究・実践へとつながりました。

　私が東田さんと出会ったのは、2003年大阪府立大学大学院社会福祉学研究科博士前期課程での修士論文指導でした。事前に研究計画書が送られてきて、すでに岩手県立大学で研究力を身に付けている人だと思いました。当時の私は、2001年度からの精神保健福祉士養成課程の立ち上げ、2002年度日本精神保健福祉士協会精神障害者福祉研究委員会委員長、堺市民生委員児童委員連合会精神障害者地域支援の実践研修（アクションリサーチ的取り組み）、2003年日本精神保健福祉士養成校協会中心の最初の教科書（第6巻精神保健福祉援助各論）の編集委員等と、現場の精神保健福祉士や教員の方々と精神保健福祉士養成教育や実践の諸課題に追われていました。東田さんには、私の言動を見てもらい、仕事も助けてもらいました。精神保健福祉士や当事者の方々の中で東田さんは学びつつ、修士論文を書き上げて、静かに実践現場へ旅立ちました。

　今回、本書を読み、東田さんの「拡大された自己覚知」（坪上宏[1]）が開示されていて、やどかりの里でのソーシャルワーカーとしての成長と、周辺（フロンティアでもある）への挑戦の意義がはっきりと見えてきました。多様で複雑な文脈において、自己の位置を自覚しつつ開かれた対話による協働と省察的実践を繰り広げる重要性が、本書ではわかりやすく書かれています。

　ソーシャルワーカーのアイデンティティを自覚していれば、多様な文脈におけるミクロ・メゾ・マクロのレベルで、現地の人・人々と対話・協働し、政策・実践・知を共同創造していけます。ソーシャルワーカーの批判的視点と省察的

1　坪上宏.（1998）.『援助関係論を目指して─坪上宏の世界』. やどかり出版.

実践は、人・人々にも気づき・省察を促し、協働で現実を創り出します。

　ソーシャルワーク実践の可能性を広げていくためには、一人ひとりのソーシャルワーカーの価値に根ざした挑戦の勇気と創意工夫が不可欠です。ソーシャルワーカーの実践事例における自己の開示と創意工夫を合わせて示すことで、新たな実践への具体的な誘いが可能になります。

　これから東田さんは、新しい家族とともに生活し、大学の教員となって教育・研究・社会貢献等に取り組みます。本書は、その新たな挑戦の土台となる記録です。困難な時代に、新たな挑戦を目指すソーシャルワーカーや学生の皆さんに、是非、読んでいただきたい。

2020年3月31日

泉地域精神保健福祉研究所

藤井　達也

OMUP ブックレット　No.66

もう一つのソーシャルワーク実践
―障害分野・災害支援・国際開発のフロンティアから―

東田　全央

大阪公立大学共同出版会

注：本書に掲載した写真のうち、原則として、個人が特定できるものについてはご本人に、
　　その他については組織の代表者もしくは全体に許可を得た上で、写真を撮影および使用
　　しています。また、本書で触れる事例等において、個人を特定できないように情報を加
　　工しています。ただし、文献を引用する場合や、専門職や大学教員等のうちご本人から
　　の了承が得られた場合については、本名を記しています。

はじめに

　ソーシャルワーク実践は、災害被災地や開発途上国を含む様々な現場において、どれほどの可能性を持っているのだろうか。本書ではその可能性や課題について若干の議論を喚起するために、私[1]自身が関わったいくつかの実践事例を紹介することを目的としている。本書は特定の読者だけをターゲットとしたものではないが、ソーシャルワークを学ぶあるいは学ぼうとしている学生や院生の皆さんがソーシャルワークの可能性に対する視野を広げるきっかけになれば、との想いで執筆した。

　本書を執筆した個人的な動機は一つではなく、ソーシャルワーカーとしてのアイデンティティを持つ私自身のこれまでの実践や調査研究の中から少しずつ形成されてきた。章構成の説明を含めて、私自身の生活歴の一部と本書執筆の背景を記しておきたい。

　私は中学2年生（1995年）のときに地元の兵庫県西宮市で阪神・淡路大震災によって被災し、ある種の原体験を持った。18歳（1999年）のときにソーシャルワークと東北地方に魅力を感じ、当時、設立間もない岩手県立大学社会福祉学部に入学した。滝沢村（現・滝沢市）で、生まれて初めての地方生活を送りながら、大学の講義、演習、実習で障害問題やフィールドワーク等に関心を寄せるようになった。同学部卒業後、大阪府立大学大学院でのさらなる学びを経て、岩手県内でソーシャルワーカーとして就職した。しかし、私自身の未熟さと、活動への馴染めなさなどが重なり、わずか1年間で退職してしまった。

　そのような挫折経験がある中で、2006年に公益社団法人やどかりの里にソーシャルワーカーとして入職した。主に精神障害者福祉分野における活動と運動に参加した。この時期の活動を通じて、ソーシャルワーカーとして、また一人の人間として、大きく育ててもらった（第1章）。

1　日本の学術論文等において執筆者自身に言及する場合、一般的には「筆者」のような客観化した表現を用いる。しかしながら、私の主観的体験を含む実践経験をもとに本書を執筆したため、「私」を主に用いることにした。なお、学問領域や認識論等によって異なるが、英文論文においても、主語として‘I’（私）を積極的に用いるべきか否かについて議論になることがある（Davies, 2012）。

その一方で、私自身の被災者としての体験もあって、緊急災害支援や国際開発に関する活動にソーシャルワーカーとして取り組んでいきたいという想いがあった。30歳を前にして思い切って転職する決意をした。そして、国際協力NGO（非政府組織）の公益社団法人日本国際民間協力会に入局することになった。そのまさに入局直前に東日本大震災が発生した。2011年4月に急遽、被災地である岩手県陸前高田市に同会から派遣され、心理社会的サポート事業のプロジェクト・マネージャー兼ソーシャルワーカーとして活動した（第2章）。

その契約終了後、国際開発や国際協力の中で障害分野に貢献していきたいとの想いが強くなった。2013年1月からの2年間、独立行政法人国際協力機構（JICA）の青年海外協力隊のソーシャルワーカー隊員として、スリランカの農村部に派遣され、地域社会に根ざしたリハビリテーション（CBR）事業に従事した（第3章）。2020年4月現在は、JICA技術協力プロジェクト「ウランバートル市における障害者の社会参加促進プロジェクト」にて長期専門家として従事している（第4章）。

以上のように、異なる現場での異なる立場による活動を行う中で、ソーシャルワーク実践の醍醐味やその可能性について再考するようになった（第5章）。そして、モンゴルでの国際協力活動で一区切りとなることもあり、これまでの活動経験を総括するために本書にまとめ、人々に私の体験や考えを伝えたい、と考えるに至った。

ここまでお読みいただければおわかりのとおり、私の活動拠点は点々としている。国際開発や緊急災害支援においては、比較的短い期間の契約を結び、渡り歩いていかざるをえないことが多い、という現実が一つの要因として挙げられる。他方、日本において、地域に根ざして、目の前の人々に寄り添いながら、長年活動に携わっているソーシャルワーカーの諸先輩方の実践を私は尊敬してやまない。そして、日本における一般的な実践活動の現状を踏まえると、私が従事してきた各現場における活動期間の短さについては批判的に見た方がよい部分がある。そのようなご批判を受ける覚悟はしつつも、私自身が上記の様々な活動に携わることができたことは貴重な経験である、とも認識している。そのような経験の中で得た知見を広く伝えていくことが、ソーシャルワーカーのアイデンティティを持つ一人の人間としての社会的責務であると考えている。

さて、本書は、私自身のこれまでの実践や研究の経験をもとに、とくに障害分野や精神保健福祉分野に焦点を当てながら、「もう一つのソーシャルワーク」

のあり方について問いかけるものである。本書表題に「もう一つの」と付した
ことについては、増田（2005）の「もう一つの価値」にインスパイアされた部
分もあるが、具体的な理由は主に二つある。

　第一に、開発途上国や被災地における活動事例を紹介する意味での「もう一
つの」実践である。つまり、一般的な日本のソーシャルワークおよび社会福祉
の教育において未だ周辺的なテーマに関して、具体的な事例を紹介すること自
体を一つの目的とした。それは、日本の社会福祉士や精神保健福祉士の国家試
験指定科目等において十分に取り扱われてきていない事例を提供する、という
意味でもある。簡潔に言えば、「このような実践もあるのか」ということを伝
えたい、ということである。

　第二に、国際ソーシャルワークや開発的ソーシャルワーク等の観点から、各
現場における取り組みを掘り下げるという意味での「もう一つの」実践であ
る。開発途上国や被災地においては、私は外部から現場に入り、現地の関係者
とともに活動してきた。現地の当事者やソーシャルワーカー、その他関係者に
よる営みや実践が主であり、それに対する協働的なソーシャルワーク実践を意
識して取り組んできたつもりである。つまり、国際ソーシャルワーカー、ある
いは協働者としての立場から、「もう一つの」活動を捉える、という意味合い
を込めた。

　本書は、一般化可能な理論的枠組みを提案することを意図してはいない[2]。
むしろ、異なる分野や文脈におけるソーシャルワーク実践の事例について批判
的（critical）あるいは省察的（reflective）に考察しながら示唆をもたらした
いと考えた。私自身が行ってきた実践活動は、必ずしもグッド・プラクティス
であるとは言えず、様々な未熟さや課題を多く含んだものである、ということ
も自覚している。そのような挑戦や課題についても触れながら、現場における
現実（reality）を少しでも描きたい、と考えた。本書を手に取っていただいた
読者の方々にとって、本書が反面教師的であってもよいので、何かしらの示唆
を与えるものになれば、と心から願っている。

　本書で触れた方々に限らず、多くの方々との出会いや協働が無ければ本書を

2　なお、もう一冊の拙著（Higashida, 2019）は、スリランカにおける実践に焦点を当てたもので
はあるが、本書の理論編として位置付けることができる。同拙著では、スリランカにおける調査を
踏まえて、開発的ソーシャルワークの視点から理論的な枠組みについて考察した。

発刊することは叶わなかった。公益社団法人やどかりの里、公益社団法人日本国際民間協力会、独立行政法人国際協力機構の関係者の皆様、学生・院生時代にご指導いただいた細江達郎先生、藤井達也先生、Frances Cleaver先生、河森正人先生をはじめ、日本、スリランカ、モンゴル、英国等のどこかの地でお世話になったすべての方々に感謝申し上げたい。本書の発刊にあたり、大阪公立大学共同出版会の皆様、とくに理事長の八木孝司先生と編集者の川上直子さんには大変お世話になった。この場を借りて感謝の意を表したい。

2020年 4 月30日
新型コロナウイルス感染症の世界的影響下にある
モンゴル国ウランバール市内より
東田　全央

第1章　日本での生活と実践から
―民間団体のワーカーとして―

　私は2006年4月から2011年3月までの5年間、公益社団法人やどかりの里[1]のソーシャルワーカーとして活動した。とくに、埼玉県さいたま市内にある障害者生活支援センターおよび地域活動支援センターを拠点としながら、障害者の地域生活支援活動に従事した。

　やどかりの里では、障害者、家族、職員のそれぞれの生き方や語りが大切にされてきた（増田, 2009；やどかり出版, 2001）。やどかりの里は、「いのち」や生きられた経験（lived experiences）を軸に据え、安心を前提とした人間や生活の相互理解のもと、地域で求められることを見出しながら人々とともに活動している。私はやどかりの里でソーシャルワーカーとして、また地域の一住民として様々な人々と出会い、目の前の人々のニーズの把握や生活の理解をしながらともに歩むときに、その人々に関わる「私」自身のあり方が常に問われた。そのように考えると、やどかりの里での5年間の活動を振り返るためには、私のこれまでの生活史を踏まえる必要があった。そして、実践活動を振り返る中で、私自身や、やどかりの里が大切にしてきたもの、今後も必要とされるものについて考察したい、と考えた。

　やどかりの里の増田一世・常務理事は常々、「記録のない実践は実践にあらず」という視点や「目の前のメンバーがお師匠さん」という姿勢の重要性を、象徴的な言葉として人々に伝えてきた。その考え方に影響を受けながら、私は2011年3月に退職するまで活動記録を記した。本章はその当時の活動記録のまとめに加筆修正したものである。本章で触れる当時の法制度等がすでに古い情報となっていることについてはご容赦願いたい。しかしながら、活動の中で経験してきたことや大切にしてきたこと自体は、現在の実践にも通じることが多いと考える。

1　やどかりの里のホームページを参照。https://www.yadokarinosato.org/

1. 私の生活歴—震災・地方・道（1981年〜2005年）

　私は兵庫県西宮市出身で、三人兄弟の三男として出生した[2]。阪急・西宮北口駅（通称、「ニシキタ」）近くの、木造の古い一軒家に家族と住んでいた。兄とともにボーイスカウトに所属していた。また、阪急ブレーブスと阪神タイガースと野球が好きな少年であった。野球の腕前は二流で、中学校で所属していた野球部でレギュラー選手になったことはなかったが。

　1995年1月17日、13歳のときのことは今でも鮮明に覚えている。私は自宅2階の寝室で寝ており、中学校の野球部の朝練に参加するために起きようとしていた。突然、それまでに経験したことがない凄まじい激震を感じた。数十秒間は本当に何が起こったかもわからず、とにかく布団に包まって事態が収まるのを待っていた。阪神・淡路大震災である。

　ほどなくして階段をのぞいてみたが、1階には降りられる状態ではないほど歪んでいた。家が変形していたことは明らかであった。余震が収まるのを待った。2時間は経っていたと思う。その後、寝間着のまま、隣の家の塀をつたって、玄関とは逆の方向から脱出した。家族に連れられる形で砂埃のような独特の異臭がする道を歩いた。自宅周辺にも木造の家が多く7〜8割以上は全壊しているように見えた[3]。

　当時としてはあまり一般的な言葉ではなかったと思うが、いわゆる「在宅避難者」（あるいは在宅被災者）として、近隣の祖母の家等でしばらくの間、避難生活を送った。他の親戚等も同家に避難し、数日は庭先でテントを張って日々をしのいでいた。心理的あるいは身体的な反応かどうか定かではないが、テント生活中に嘔吐した記憶がある。1週間以上経って、水のいらないドライ・シャンプーで頭を「洗った」記憶もある。また、青年海外協力隊として二度、アフリカに赴任したことがある従兄も同家に避難しており、現地での興味深い話を聞いたり、セネガルのお土産をもらったりしたことが印象に残っている。このように、当時の記憶には断片的な部分もあるが、被災直後の非日常的な体験に加え、その後の家族・親戚の生活の困難さなどを目の当たりにしたことが、

---

[2] 二人の兄はすでに他界している。家族関係については、存命中の者もいるため、本書では詳述しないことにした。
[3] のちに、当時としては国内史上初の震度7の地域の一つとして認定された。

私自身の活動の原点となっていることは疑いない。

　発災後、学校の授業が数か月間休止となり、若干不毛に過ごしていたが、ほどなくして友人から勧められる形でベース・ギターの練習を始めた。高校入学後、軽音楽部に入部し、バンド演奏に明け暮れていた[4]。しかし、プロのミュージシャンになれるほどのセンスがあるとは到底思えず、将来の希望はとくには無かった。その一方で、大学受験のために専攻を選ぶ必要があった。被災した経験があってか、生活の困難さやその解決のあり方に関心が少しあった。本屋に行ってどのような職種や学問があるのかを探していたところ、「ソーシャルワーク」というものがあることを知った。その内容や実態についてはあまりよくわからなかったが、関心を持つようにはなっていた。また、大学選びをするときに地方に魅力を感じていた。縁もゆかりもなく、訪れたこともなかった東北地方になぜか魅力を感じた。そして、設立間もなかった岩手県立大学に社会福祉学部があることを知って受験し、合格通知を得て入学した。入学式の日に雪が降り、「東北の地に来たんやな」と実感した。当時は「日本一大きな村」といわれた滝沢村（現・滝沢市）で、家賃3万円ほどの安アパートに住みながら、貧乏学生として一人暮らしを経験した。その経験は、全く状況やレベルは異なるが、開発途上国のような経済的に不利である土地での生活に、ある種のシンパシーを覚える感覚が生まれるきっかけとなったのかもしれない。

　学業では、ソーシャルワークと社会心理学を中心に学んだ。ソーシャルワークの他に、「すべての現実は社会的に構成される」という社会構成主義の見方（ガーゲン, 1998）や、高度経済成長期に「金の卵」と呼ばれ上京した下北半島の人々に関する追跡調査（細江, 1985）などに刺激を受けた。そして、社会心理学がご専門の細江達郎先生によるご指導の下、精神障害者地域生活支援センターを拠点に、フィールドワークを実施した（東田・細江, 2003；コラム1）。これは、私自身にとって、その後のソーシャルワークや障害分野におけるフィールドワークの礎ともいえる経験となった。また、同センターの利用者やスタッフとの出会いを通じて、人のあたたかさや、人間のユニークさと可能性に触発された。これを機に地域精神保健福祉活動と実践研究にも強い関心を抱くようになった。

4　今考えると、音楽療法的な効果もあったのかもしれない。

コラム1．ある男性からの手紙

　長期間のフィールドワークをしていたときに、統合失調症がある男性から一通の手紙を受け取った。今でも私はその手紙を大切に保管している。私のその後の道を方向付けるものの一つとなった。ご本人からは、その内容に触れることについて了承を得たこともあり、少しだけ紹介させていただく。

　その男性は統合失調症に伴う破局的な体験を経て、仲間との支え合いやソーシャルワーカー等の支援を活用しながら、就労や生活が安定し始めていた。私に伝えたいこととして、ご本人の中で「きれいな水が溜まってきた」という表現で物語っていた。

　この手紙を読んだのちに、精神保健福祉領域のキーワードの一つである「リカヴァリ」（recovery：回復）に通じるものがあると感じた。リカヴァリとは、精神疾患に伴う破局的な体験を超えて、その当事者が人生の旅において新しい目的と意味を見出していく過程である（Anthony, 1993）。当事者の言葉に対して「リカヴァリである」と他者が一方的に当てはめることは相応しくないが、ご本人が新しい人生を歩む道を見つけたことを物語るものであったと感じた。その後、私は大阪府立大学大学院で、「米国のメンタルヘルス領域における『リカヴァリ』の普及に関する研究―社会的表象理論の観点からの検討」というテーマで修士論文を作成するに至り、現在でも関心を持ち続けている。

　一方で、「ボランティア元年」とも呼ばれた1995年の阪神・淡路大震災での被災体験があり、当時の一部のボランティア等による過剰な押し付けの「援助」や「支援」といったものに、違和感や抵抗感があったことを呼び覚まされた。学内に同じような関心を持つ人がいたため、支援の「受け手」と「与え手」（栗本, 2002）の間にある権力性について興味を持つようになり、ほどなくして「障害者」と「非障害者」の社会的位置付けについてフィールド研究を行った（東田・細江, 2003）。学術的には、ソーシャルワークに対しての社会構成主義からの批判的な検討（マーゴリン, 2003）が盛り上がっていた時期とも重なる。そのように、ソーシャルワークが持つ権力性への疑義や省察的実践の必要性については、ソーシャルワーカーとしての活動開始後にも関心を持ち続けるきっかけとなった。

　その後、大阪府立大学大学院に進学し、藤井達也先生のゼミの中で学んだことが大きな経験となった。初めて研究室を来訪したときに、「ソーシャルワークをどのように捉えているのか」と問われ、そこから学びが始まったことが今

でも強烈なエピソードとして残っている。ソーシャルワークの奥深さに加え、実践と研究の両輪が重要であることを学んだ。私自身ものちに働くことになるやどかりの里での、藤井先生ご自身の実践経験についても、ゼミの中でよく聞かせていただいた。また、藤井先生からは、「東田君は『遠慮深い人』で、それはそれでよいのだけど、ここぞというときには、もう少し自分から前に出てみてはどうか」というような趣旨のことをご助言いただいたこともある。このように、学術的なことだけではなく、自分自身を省みるきっかけも与えていただいた[5]。

2．社会人１年目の挫折（2005年４月〜2006年３月）

　大阪府立大学大学院の博士前期課程を修了する直前に就職活動を行った[6]。それまで、岩手県内の児童自立支援施設や大阪府西成区内にある精神科クリニックでのアルバイト経験はあったが、私としては初めてとなるソーシャルワーカーの常勤職の求職活動であった。岩手県内にある障害者授産施設の求人に応募し、ソーシャルワーカーとして採用された。社会人１年目ということもあって、頭でっかちで、どのように働けばよいかよくわからなく、本当に何もできないような職員であった。指導役であった先輩職員からは、冗談半分ではあるが、「どんくさいわね」というような言葉を方言でよく言われたものである。

　施設では、職員は概ね、利用者との人としての関わり合いを大切にしているように見えた。地元出身の職員が多く、兼業農家の職員も複数いた。方言を交えて、自然な雰囲気で会話を交わす姿が印象的で、その地方の外からやってきた私としては真似できないものがあった。私は、初めのころは方言を聞き取ることが難しかったことを含め、ぎこちないやり取りが多かったと思うが、幸い、利用者や他の職員に助けられていた。

　一方で、施設運営においては、利用者に対する過度の管理が行われているように思えたことなどがあり、私は違和感や疑問を持っていた。また、法人が運

5　なお、本書は、ソーシャルワークの研究者・実践者等としての自叙伝的なご著書（藤井, 2004）にも影響を受けている。
6　藤井先生の伝手により北海道でも施設見学を行った。帯広ケア・センターなども視察させていただき多くを学んだ。

営する精神障害者地域生活支援センター（以下、生活支援センター）やグループホーム等もあったが、部署間の思惑や考え方の違いなどがあり、利用者のための連携が十分にはなされていないように思えた。それらについて、施設内で他の職員に相談を持ちかけたこともあったが、私自身に具体策があるわけでもなく、結局、改善につながったことはほとんどなかった。その中で、私としては疲弊していく感覚があった。このままでは誰にとっても良くないと思い、出直しと新しい活動場を求めて、結局１年間で退職することにした。一言で言えば、私にとって人生の中で最も大きな挫折体験となった。

　施設長に退職の申し出をした時点で転職先は決まっておらず、生活面と精神面で不安定さを抱えた状態にあった。そのような中、「やどかりの里が求人を出しているようだ」との情報を得た。求人への応募後、仙台駅から東京駅行きの夜行バスに乗り、御徒町駅で早朝の銭湯に入って、半ば朦朧としながらも、さいたま市内にあるやどかりの里で一次選考試験を受験した。筆記試験はあまりできず、「落ちた」と思っていた。

　後日、幸いにも、二次選考試験の案内を受けた。2006年２月に生活支援センター（当時）にて実習試験を受けた。「とりあえず、この機会に学べれば」と思い、同センターに併設されている「憩いの場」にて、メンバー[7]に暮らしや生活の中での願いなどについて語りを聴いた。憩いの場はメンバーが開所時間内であれば自由に利用でき、スタッフや他のメンバーと日々の生活のことを語ったり、悩みの相談をしたり、あるいは音楽を聴いたり、安心して過ごせる場であった。その人らしく生活している様子や、スタッフがサポートしている一端を垣間見た。学生・院生時代に学んだソーシャルワーク実践が想起され、「これがそのことか」と思った。その後、結果として正式採用をいただき、私としては「拾ってもらえた」という想いと、ここで出会ったのも何かの縁だと勝手ながら思うに至った。

3．再出発（2006年４月〜2007年３月）

　やどかりの里への入職後に私が関わった活動については、社会の動きと合わせて見ていく必要がある。それらは、社会の情勢や運動にも関連しているから

7　やどかりの里では、登録者の障害者を「メンバー」と呼んでいる。

である。表1-1に入職後の私の主な担当と、国およびさいたま市における当時の動向を記した。

　やどかりの里は、精神障害者が地域の中で生き生きと暮らし、働くことを目的に設立された団体である。1970年に「ごく当たり前の生活」を求めて活動を開始し、「効率だけが優先される社会ではなく、一人一人が尊重され大切にされる社会を、そして、障害のある人も一人の市民として共に生きる街づくりをめざし、活動」を行っている（やどかりの里の活動方針より）。

　2006年4月にソーシャルワーカーとしてやどかりの里に入職し、生活支援センターの配属となった。1年目は、生活支援センターでメンバーと小集団活動を行うことや、電話相談に対応すること、個別相談支援の経験を少しずつ積んでいくこと、授産施設エンジュが作る夕食弁当をグループホームで単身生活を送るメンバーに宅配し生活状況を見守ること、などが中心であった。

　憩いの場では、メンバーとともに時間と空間をわかち合いながら、お互いのことを知り合う機会となった。あるメンバーは本人なりの表現方法を持つ人で、私が話を聞いて理解するまでに時間がかかるときがあり、その人のペースに合わせるようにして聴くような日々があった。会話の内容は、日常的な何気ないものから、メンバーが持つ生活のしづらさ[8]まで、様々であった。語りたかったことが伝わり合ったときには、共感できたというか、嬉しい気持ちになった。このような経験から、目の前の人が語りたいことを丁寧に聴く重要性を体感としても学んだ。

　しかし、当時の私を表現すると、「頭でっかち」、「浅い人間理解」、「表現下手」などの言葉が当てはまるかと思う。日常の活動の中では、何に優先順位を置くべきかわかっていない、という指摘もよく受けた。目の前のメンバーから発せられた言葉に右往左往し、全体の状況をよく考えずに対応してしまうこともあった。それらの背景として、前職のときと同様に、社会経験が希薄であったことなどが影響していたと思われる。

　生活支援センターでは、最低限の仕事はしていたとは思うが、むしろ、憩いの場を中心に過ごしながら、これからの私自身が「生きていく力」や「見る力」

---

8 やどかりの里の創設者である故・谷中輝雄（1996）が、精神障害者が日常生活において直面する困難さを言い表した言葉である。同様に、「ごく当たり前の生活」の実現を目指す活動も、しばしば用いられる理念もしくは概念である（江間, 2014）。

表1-1　筆者の主担当と背景としての国と市の動き

年度	国	さいたま市	私の主な担当
2005	障害者自立支援法（以下、支援法）成立	• 支援法学習フォーラムの継続開催開始 • 市退院支援連絡会議開始 • （旧岩槻市がさいたま市に合併）	
2006	支援法一部施行	• 支援法に関わる活動：請願署名活動（7万筆超）や市議会傍聴（2日間で470名）等 • 精神保健福祉地域ネットワーク連絡会が開始 • 市独自の支援法激変緩和策発表 • 障害者計画見直しと障害福祉計画施行	（1年目） • 憩いの場での活動 • グループ活動「とまり木の会」 • 夕食宅配 • 退院促進プロジェクト • 日米メンバー交歓会
2007	日本が国連障害者権利条約に署名	• 市地域自立支援協議会が始動	（2年目） • 憩いの場での活動と個別相談支援 • グループ活動「とまり木の会」 • やどかりの里大バザー事務局 • やどかり研究所交流集会で研究発表
2008	後期高齢者医療制度開始	• 支援法違憲訴訟（市内で3名が原告） • 市全10区に3障害対応の障害者生活支援センター設置	（3年目） （相談支援事業と活動支援センターⅠ型に機能分化と移転） • 個別の新規相談・継続支援 • 退院支援事業の個別支援、病院との交流会開催
2009	国と支援法違憲訴訟原告・弁護団とが基本合意締結	• さいたま地裁で支援法訴訟の和解成立（全国初） • 障害者総合支援計画の施行 • 市ノーマライゼーション条例制定に向けての取り組みが開始	（4年目） • 個別の新規相談・継続支援 • 退院支援事業の個別支援、病院との交流会開催 • やどかり研究所交流集会で研究発表
2010	障がい者制度改革推進会議開始	• さいたま市誰もが共に暮らすための障害者の権利の擁護等に関する条例案可決	（5年目） • 個別の新規相談・継続支援 • 退院支援事業の個別支援、病院との交流会開催 • 後輩入職・引き継ぎ

を育んでもらった期間でもあった。想いの場に漂う「そのままでいてよいという安心感」、「あたたかさ」、「自分をありのまま語ることができる空間」というのは、やどかりの里に関わるすべての人々にとって大きな意味がある、と感じた。長老的な存在であったメンバーの故・堀澄清さん[9]からは、「職員には『心の大人』になってもらいたい。しなやかさのある人に。」ということなどを語りかけてもらったことが何度かあるが、そのようなものを育む雰囲気がいたるところで大切にされていた。

　他方、衝撃的であったのは、やどかりの里が組織として、またその一人ひとりが、社会情勢の共有やその解決のための取り組みを活発に行っていたことである。全体会議や日々の活動場などの様々な場面においてメンバー、家族、職員による主体的参加の下で、想いの語り合いや社会情勢の共同学習等を積み重ね、皆で納得のいく形で活動に取り組んでいたのである。たとえば、2005年に制定された障害者自立支援法に対する反対運動[10]など、政策に対する議論が全国的に活発に行われており、やどかりの里も運動体として一丸となって声を上げていた（増田ほか, 2006）。象徴的なエピソードとして、2006年10月31日に日比谷公園で開催された「出直してよ！『障害者自立支援法』10.31大フォーラム」に、メンバーや家族、スタッフと一緒に参加した。厚生労働省前でシュプレヒコールも上げた。また、さいたま市内でも、同法に反対し激変緩和を求める請願署名活動を、メンバーや家族、スタッフとともに行い、文字通り、何度も何度も汗を流した。

　岩手県内でソーシャルワーカーとして働いていたときには、情報量が圧倒的に少なかったことも関係していただろうが、法律の変更について所与のものとして受け止め、どのように法律に合わせて事業を行うか、というような受け身の議論が多かったように感じた。上記の経験から、国内の情報格差の問題は大きいと感じるとともに、社会における問題を捉えることと、社会を変えていくために取り組むことの重要性を学び始めた1年目でもあった。

9　堀（2007）も参照のこと。
10　様々な問題が指摘されたが、たとえば、生きるためや働くための支援に経済的負担を求める応益負担や、狭義の機能障害に基づきかつ利用抑制にもつながりうる障害区分認定の問題などがあった（増田ほか, 2006）。

４．石の上にも３年（2007年４月〜2008年９月）

　２年目からは、活動の幅や関わる人たちが広がり、やどかりの里の活動の全体像が少し見えだした。たとえば、本格始動したグループ活動「とまり木の会」の主担当（コラム２）や、退院促進プロジェクト、法人バザー事務局などを経験した。それらの具体的な活動を通じて、メンバーとの関わりの時間や密度が深くなる中で、少しずつではあるが、目の前の人への理解が深まりつつあるように感じた。

　たとえば、退院促進プロジェクト、のちにさいたま市が事業化した退院支援事業（三石ほか, 2006）に携わった。全国のみならず、さいたま市においても、退院可能であるにもかかわらず地域での生活環境が整わないために入院を強いられている精神障害者の「社会的入院」が問題となっていた。長期の社会的入院中の精神障害者が安心して地域生活を開始し継続できるように、病院側と調整しながら集中的に個別のケアマネジメントを行うとともに、入院中の患者さんや病院スタッフに広く働きかけるための精神科病院での継続的な交流会を開催することが中心であった。その中で、数十年間にも及ぶ長期の社会的入院それ自体により、地域で生きる意欲や生活経験が削がれている人々と出会った。精神障害当事者の強み（ピアサポート）を生かして寄り添う自立支援員や、保健所等の関係機関とともに取り組みを進める中で、徐々に希望を持ち始め、不安はありながらも地域生活を決心し、生活を開始した精神障害がある人たちがいた。そのうちのある一人の女性は「大変なこともあるけど、退院して良かったです。」と語り、その言葉を聞き、嬉しそうな表情を見たことで、私も「良かった。」と嬉しくなった。

　その一方で、一度は精神科病院からの退院にこぎつけたものの、その後の地域生活が破たんしてしまい、再入院となり、安定した地域生活を目標に再び取り組み始める必要がある人もいた。相談者についての多角的な理解の不足や、必要な支援環境の整備と調整の不十分さなど様々な課題があったと考える。また、社会的入院を生み出してきた過去と現在の問題の根深さと、その状況を変えていくことの必要性も感じた（Cf. 遠塚谷ほか, 2016）。

　日常業務では、新規で電話や来所によってつながった人たちから初回の個別相談を受けることが多くなった。複雑な家庭環境や複数の生活問題がある場合など、何をどのように聴けばよいのかわからず、戸惑うことが多かった。施設

コラム２．親と同居している若年層のグループ活動

　生活支援センター（当時）の登録者の半数以上は家族同居の人であった。そのうち、自宅と医療機関以外には行き場が無い人が多く、訪問支援だけでは限界があった。また、憩いの場は気軽に安心して自由に過ごせる場ではあるが、時間と空間の使い方が利用する人に委ねられていた。そのため、「どのように過ごせばよいかわからない。」などのような声を聞くことがあった。さらに、人との関係を築くことに対してエネルギーをかける人も多く、様々な人が行き交う憩いの場で過ごすことに過度な負担を感じる人もいた。そこで、個別の支援計画をもとに、固定されたメンバーの中で人との関わり方を学び、仲間をつくることを目的としたグループ活動を行うことにした。私を主担当者として、一つ一つ話し合いながら自分たちなりの場と時間をつくる活動を開始した。

　2006年7月から開始し20〜30代の5名のメンバーが参加した。毎週金曜日の13時30分から15時過ぎまで、主に近隣のコミュニティセンターの和室で活動した。和室は「雑魚寝ができて良い。」など好評であった。活動内容は、参加者の希望をもとに、ミーティング、ゲーム、外出などのレクリエーションを中心に行った。グループ名については、最終的に「とまり木の会」となった。「力の抜けている感じが良い。」、「鳥が集って安らげるイメージ。」などの理由でこの名前に決まった。

　活動を始めた頃は、自己紹介や「グループで何をするか」についての話し合いを重ねた。話し合いで出てきた希望から、ゲームや音楽の視聴、外出などを行った。たとえば、将来的に一人暮らしを目指すメンバーからの「魚を焼いてみたい。」という希望で、皆で秋刀魚焼きをした。秋刀魚は美味しく焼けたが、それ以上に「一人じゃできなかった。皆がいたからできた。」、「良い思い出になった。」という感想が印象的であった。

　それぞれの関心事（近況、病気、家族、将来など）について「皆の意見を聞きたい。」という希望があり、話し合うことがよくあった。活動の積み重ねを通して、お互いのことを知り、安心感が生まれてきたせいか、メンバーが自分自身のことについて語り合うことが開始当初より徐々に増えてきているように感じた。

　メンバーがとまり木の活動を振り返って以下のように述べている。

　「僕は人との関係が苦手なんで、そういう関係を上手く取れるようになりたい。」、「これまで、心の病いや悩みについて打ち明けることができなかったけど、とまり木では少ない人数で悩みを打ち明けられて、皆と共有できるところが良い。」、「とまり木は、今まで言えなかったことも言えて、安心できる場所。希望としては、無口なんで話せるようになりたい。」。このような言葉から、人と上手く関わりたいという気持ちを抱きながら、何でも話せる雰囲気を皆でつくろうとしてきたのだ、と気づいた。担当者の私としては、最初は「どうなるんだろう」という不安があったが、「どうしたらよいか」を皆で考え、この場をつくっていくことの大切さを感じた。

（「機関紙やどかり」2007年2月号を改変）

長に、「こんな相談があったんですけど、どうしたらよいものか……」と相談
を持ちかけ、全面的に頼ることが多かった。たとえば、統合失調感情障害があ
る人の家族から、「精神疾患の再発に伴い、仕事を辞めざるを得ない状況にな
りつつあるが、経済的に扶養していた家族を含めて、これからどのように生活
していけばよいのか」というような相談があった。本人や家族の抱える困難さ
が複雑で、どこに優先的に取り組む必要があるのか、また、どこから進めるこ
とができるのか、なかなか見えなかった。そのような思考停止状態になりがち
なところ、上司や同僚からの助言で、「あぁ、そういういう風に考えたらよいの
かもしれない」など、複雑さと本質を捉え考えていくことで、学ぶことが多かっ
た。それは相談の手法というような狭いものではなく、まさに人間や生活、人
生の理解ということであったと思う。

　その他、2年目に悔しくて泣いた記憶がある。その原因は関係機関との調整
が上手くいかなかったことであった。相談者が本人なりに生活していきたいと
いう希望やそのニーズがあり、関係機関や資源を調整する必要があった。しか
し、関係機関になかなか話が伝わらない、ということがあった。また別のとき
には、公的機関からの照会相談があったときに、生活支援センターとして安易
に引き受け、結果としてその関係機関の役割や力を奪ってしまいかねないこと
があった。本来はその機関が果たすべき役割であるが、そのような肩代わり的
な対応をすることで、他の地域住民が支援を必要としたときにたらい回しにさ
れてしまうなど、新たな弊害を生み出しうるということも、学ぶことになっ
た。現場の中でもがきながらも、地域の支援システムが少しずつ見え始めた時
期だったといえる。

5．つながる活動へ（2008年10月～2011年3月）

　2008年に、生活支援センターは障害者生活支援センター（相談支援事業）と
活動支援センター（地域活動支援センターⅠ型）とに機能分化した。障害者自
立支援法施行によるものであったが、新規で相談する本人や家族のニーズに応
えるために相談窓口の開設が必要であったのも事実である。

　3年目から4年目にかけて、私を取り巻く環境に大きな変化があった。それ
は、私と同僚に業務を任せられる部分が多くなったことである。当時としては
大変さももちろんあったが、周りの人々の力を借りながら、より主体的に人々

と活動に向き合う機会にもなり、とても貴重な経験となった。

　私は、障害者の一次相談窓口である障害者生活支援センターで、必然的に新規相談を担当することが多くなった。障害者や家族が歩んできたこれまでの過酷な過去についての語り、切迫している訴え、藁にもすがる思いでの飛び込み相談もあった。まずは丁寧に聴き、もつれた糸を紐解いていくということを改めて心がけたつもりである。語りを聴き、またアセスメントシートなども活用しながら、最初の訴えでは見えなかった背景や本当のニーズが見えてくることも多かった。ときに似たような相談内容はあったが、一人ひとりの背景やこれまでたどってきた道は唯一無二であった。相談者本人の願いやニーズや強み、取り巻く環境などをアセスメントし、どのようにしたらよいかともに考え、支援計画に基づく支援を行っていくことが定着していった。市内でもケアマネジメントの共通理解が広まってきた時期とも重なる（さいたま市障害のある人のケアマネジメント研究会, 2007）。

　ある青年期の統合失調症がある男性は、それまで家族と一緒に暮らしていた。本人なりの単身生活と日中活動を目指していくために個別相談を継続し、地域で仲間をつくり、社会資源を活用しながら、一歩ずつ実現していった。それを実現したのは本人の力であるが、それまでの過程に寄り添い、困難をともに乗り越えたときには、私自身も勇気づけられた。

　しかし、中には、生活歴や機能障害の状態により、障害者生活支援センターによる個別相談支援だけでは支えられない状況を抱えている人もいた。たとえば、高次脳機能障害のある中年の男性が老人保健施設の短期入所を転々としている状況など、制度や資源とのはざまで、もがき苦しむ障害者や家族にも出会った[11]。そのような場合には、地域の関係機関や支援者とも連携して支援し（たとえば、官民による定期的なサービス調整会議を活用）、それぞれの強みを生かし合うことの大切さを感じた。他分野の関係者とは、言葉の意図や含意が通じづらいこともあり、ときにぶつかり合うこともあったが、本人や家族の希望やニーズをもとに言葉にし、本人等に不利益にならないように粘り強く関わることを心がけようとした。

　イメージとしては、地域の「点」が「面」に見え始めた。点はつなぎ、もつれは整理するというようにして、地域にいる人が安心して生活できるように環

11　2019年5月に、さいたま市高次脳機能障害者支援センターが開設されている。

境を整えていくことの大切さを実感した。そして、やどかりの里もあくまで一つの資源であり、地域でどう生かし合っていけるかという発想が、強くなった。

　以上の他にも、やどかりの里の中で様々な活動に携わった。先ほども触れた、国や市の法制度を変える社会的な活動、地域に必要な新しい社会資源である共同住居をつくるプロジェクトなどにも関わる機会を得た。活動の内容は違えど、現場で出会う一人ひとりの人生、いのち、生活、そこにある希望と困難さを目の当たりにした。それらをもとにして、様々な活動が線でつながっているという感覚が、入職後の数年で徐々に体感された。

６．学びを胸に

　やどかりの里でソーシャルワーカーとして働けて本当に良かった、と思っている。メンバー、家族、スタッフ、地域の関係者、そのすべての出会いが私にとって財産となった。人々のいのちや生活に関わる上で、ソーシャルワーカーとして学んだことや学ぶべきことがたくさんあった。そして、それ以上に、人としての出会い、学び、生きる力の取り戻しといったことが感じられる５年間であった。この期間で学んだことは、後述のように、様々な場面で生かされることにもなった。

第2章　東日本大震災被災地にて

—NGOスタッフとして—[1]

　私は被災者としての体験もあって、災害や紛争における緊急支援や国際開発に関する活動にソーシャルワーカーとして取り組んでいきたいという想いがあった。30歳を目前にして、このまま目の前の人々との活動を続けていくか、新たな道に進むか、正直なところかなり悩んだ。それは、周りにいる人々にとっては、自分勝手な都合と思われても仕方ないことであったろう。何か劇的な出来事があったわけではないが、休日などを利用して国際協力NGOや国際開発機関の研修や活動に散発的に参加しながら学んだりもした。そして、いくつかの経過を経て、思い切って転職してみよう、と決心した。

　国際開発や緊急災害支援の分野においてソーシャルワーカーとして直接働けるポストは限られていることもあり、社会福祉や精神保健、リハビリテーション等の事業を行っている団体を中心に求職活動を行った。その中で、紛争地等において、いわゆる心のケア関連の事業を行っており、地元関西に拠点を置く公益社団法人日本国際民間協力会（以下、NICCO）に応募することにした。

　2011年1月頃にNICCOの海外事業担当としての採用が決まった。入局する直前の2011年3月11日に東日本大震災が発生した。私には、それまで岩手県に住んでいた経験と精神保健福祉士としての職歴があり、事業内容とマッチしうるということで、2011年4月下旬から岩手県陸前高田市内に急遽派遣されることになった。2012年7月10日までの間、現地に駐在し、心理社会的なサポート事業のプロジェクト・マネージャー兼ソーシャルワーカーとして支援活動に従事した。当時、災害時の心理社会的サポートにおけるソーシャルワーク実践についての詳細な報告は限定的で[2]、手探りでの活動となった。活動時に書き残していた記録を加筆修正する形で本章を執筆した。

　本章では、地域に根ざしながら包括的に心理社会的サポート事業を行った団体としての活動と、その中でソーシャルワーカーとして私が関わった実践の経

1　本章は拙著（東田, 2012）で記した情報を一部使用している。
2　現在、災害派遣福祉チーム（DWAT）や災害福祉支援ネットワーク等、災害時の福祉支援体制の整備が推進されている。

過、内容、視点、学びについて記す。日本のソーシャルワークにおいて心理社会的サポートは主流ではなかったため、初めに基本的な考え方と事業枠組み等について記した上で、ソーシャルワーク実践について示す。

1．NICCOによる被災地支援[3]

　NICCOは日本で最も長い歴史と実績を持つ国際協力NGOの一つで1979年に設立された。「京の町家から、世界に笑顔を！」を合言葉に、マラウイ、パレスチナ、ヨルダン、イラン、アフガニスタン、パキスタン等の開発途上国に加え、国内では東日本大震災被災地と滋賀県竜王町等にて活動してきた。

　NICCOは東日本大震災の発災2日後より被災地に入った。岩手県陸前高田市、宮城県気仙沼市および名取市を中心に、現地のニーズの変化に合わせて、そのとき、その地域に求められる支援活動を包括的に展開した。完了した事業は、「心理社会的ケア/サポート」の他、「物資提供」、「巡回医療」、「炊き出し」、「害虫の発生監視と駆除作業」、「ボランティアをコーディネートしてのガレキ撤去や清掃作業」、「高齢者や障がいのある人らへの食事提供と声かけ訪問」、「学校再生支援」、「農業復興支援」、「名産品づくりによる経済復興支援」など多岐にわたる。

2．心理社会的サポートとは

　東日本大震災により東北沿岸部は壊滅状態となり多くの尊い命が失われた。発災後から多くの支援団体や支援者が被災地に入った。いくつかのNPO/NGOや外部の支援団体等が心理社会的ケア/サポート[4]という名で事業を実施した。しかしながら、その活動の内容や指針は一様ではなかった。

　国連総会により設置された機関間常設委員会（IASC）によれば、精神保健・心理社会的サポート（Mental Health and Psychosocial Support）とは「心理社会的ウェルビーイングを守り、これを促進し、または精神疾患を予防・治

3　NICCOのホームページを参照。http://www.kyoto-nicco.org
4　先行研究において用語は統一されていない。本章では、直接的なケアのみならず包括的な支援を含む意味を強調するために「心理社会的サポート」を用いる。

療することを目的とするあらゆる種類のコミュニティ内、そして外部からの支援」とされる（機関間常設委員会, 2007）。事業実施に際してはIASCガイドラインの他、災害時の心理社会的サポートの手引き書である「サイコロジカル・ファーストエイド」（NCTSN & NCPTSD, 2009）や、災害時等のソーシャルワーク実践に関する文献（木村, 2005；山本, 2006）を参考にした。

3．心理社会的サポート事業の概要[5]

　NICCOは心理社会的サポート事業を岩手県陸前高田市、宮城県気仙沼市および名取市で実施した。本章では、私が関わった岩手県陸前高田市および宮城県気仙沼市での活動を取り上げる。

1）事業目的と実施体制

　本事業の目的は主に二つであった。第一の目的は、災害関連ストレスに起因する心的外傷後ストレス障害（PTSD）や気分障害等の精神疾患、心疾患等の身体疾患を予防するために、被災者の過度のストレスを軽減することである。第二の目的は、仮設住宅団地等における住民の孤立化と孤独死を防ぐことである。
　2011年4月より心理士と、プロジェクト・マネージャー兼ソーシャルワーカーの私の2名体制で本事業を始動した。その後、看護師、作業療法士、業務調整員の派遣を要請した（写真2-1）。他に、ボランティアとして作業療法士等が活動に参加した（表2-1）。

2）事業実施の経過

　心理社会的サポート事業の各プログラムの概要について表2-2に示した。NICCOの心理社会的サポート事業の特色は、子どもから高齢者までを対象に、個別、集団、地域のそれぞれに働きかけながら包括的に実施したことである。
　NICCOは緊急支援活動開始後に、行政が主導する「陸前高田市こころのケアチーム」に所属し、避難所を中心に精神科医と心理士による巡回のカウンセリングを実施した。

5　本事業はaction medeor、AmeriCares、Islamic Relief、ジャパン・プラットフォーム（JPF）等の助成を受けて実施された。

22

写真2-1　NICCO陸前高田事務所（兼宿舎）の前にて

注：2012年冬に森尾寛之・看護師（右）と撮影。なお、私の赴任後、宿舎は陸前高田市内
　　の避難所、遠野市内の事務所兼宿舎、大船渡市の事務所兼宿舎を経て、この仮設住宅
　　を借りるに至った。

表2-1　NICCOの心理社会的サポート事業の実施体制

役職・職種	性別	派遣	開始月	備考
プロジェクト・マネージャー/ソーシャルワーカー	男	常駐	2011年4月	
心理士	男	半常駐	2011年4月	従事日数は1/3程度
看護師	男	常駐	2011年7月	
看護師	女	常駐	2011年10月	
作業療法士	女	非常勤	2011年5月	現地採用
子どもワークショップ・ファシリテータ（心理）	男	非常勤	2012年5月	
業務調整員	女	常駐	2011年7月	期間中に数度要員の交代有
作業療法士	男/女	ボランティア	－	3名が不定期に参加
精神科医/アドバイザー	男	－	－	名取市内拠点

表2-2　NICCOの心理社会的サポート事業の概略

プログラム名	期間	頻度	実施地	参加者数
個別相談支援/訪問支援	2011年4月～	随時	陸前高田市内2町全域	40名（実人数）
集い（こころとカラダの健康の集い）	2011年5月～2012年3月	隔週に1回	避難所7カ所、仮設住宅団地12カ所	2,689名（のべ）
畑づくり	2012年4月～	週1回共同作業またはお茶会	2カ所	15名（実人数）
男の集い	2012年5月～	月に1～2回	仮設住宅団地3カ所	50名（のべ）
孤立化予防のイベント	2011年9月～	不定期	18回	1,201名（のべ）
子ども対象ワークショップ	2012年5月～	毎週1回	1カ所	71名（のべ）
子ども対象の長期休み期間中のイベント	2011年8月、2012年1月、3月	長期休み期間中に5日程度	2カ所	451名（のべ）

※2012年6月30日現在

　2011年5月20日より陸前高田市内の2町にある7カ所の避難所にて各場につき隔週に1回程度、「こころとカラダの健康の集い（以下「集い」）」を開催した（写真2-2，2-3）。避難所から仮設住宅への移行後（7～8月以降）も、同じ2町の8カ所の仮設住宅団地と、気仙沼市の4カ所の仮設住宅団地で継続的に「集い」を実施した（写真2-4）。2012年3月末までに、各場の状況に合わせて、地元住民による自主活動もしくは社会福祉協議会に実施主体を移した[6]。

　2012年4月以降は、「集い」の現地化のための後方支援を行った。その他、地域のニーズに対応すべく、畑づくりを中心としたプログラム、中高年の男性を対象とした「男の集い」、小学生を対象とした定期的なワークショップ、参加型のイベント（写真2-5）などの活動を展開した[7]。

6　当時、各種メディアから複数回取材された。たとえば、「サロンが支える健康」（朝日新聞、2012年2月29日）は下記リンクから閲覧が可能である。http://www.koshu-eisei.net/upfile_free/20120229asahi.pdf（アクセス日：2019年9月1日）

7　子ども関連の活動は特定非営利活動法人パクト等に移管された。

写真2-2　寺で開催した初期の「こころとカラダの健康の集い」

注：2011年5月下旬頃。地元病院の理学療法士と協力して開催。

写真2-3　避難所の中学校で開催した初期の「こころとカラダの健康の集い」

注：2011年6月頃。地元の作業療法士と協力して開催。

写真2−4　仮設住宅団地で開催した後期の「こころとカラダの健康の集い」

注：2012年3月頃の「お茶っこ」。

写真2−5　参加型炊き出し（2012年）

4．ソーシャルワーカーとしての視点から

　私の業務は、NGOのスタッフとしてのマネージャー業務とソーシャルワーカーとしての支援活動が半々ほどであった。両者は分けきれない部分もあるが、ここではソーシャルワーカーとしての活動と視点に焦点を絞り記す。

1）活動初期の衝撃と戸惑い

　初めて陸前高田市に入った2011年4月時点で、私にはどのような支援が必要で可能なのかよく見えていなかった。それまでのソーシャルワーカーとしての経験をどのように結びつけることができるのか、生かすことができるのか、正直なところ想像もできなかった。ただ、一つずつのことを周りの人々と協力してやるしかない、とも考えていた。

　現地では壊滅的な被災状況と、保健関係の派遣チームの専門家の多さを目の当たりにし、圧倒された。あまりにも悲惨な状況の中で、再び「何かできれば」との想いと同時に「ここで何ができるだろうか……」との不安もあった。当時は、緊迫感、業務の多忙さ、睡眠がとりづらい住環境の厳しさなどから、心身への負荷の自覚もあった。

2）ソーシャルワーカーとしての活動内容

　ソーシャルワーカーとしての活動を4点に分けて整理した。ただし、それぞれの活動は相互につながり合っている。

（1）地域のニーズ・アセスメント

　事業実施場の選定とプログラムの発案にあたっては、NICCOの心理士と協力して被災地の事前調査と地域アセスメントを実施した。2011年5月においても、陸前高田市の保健関係のチームによるミーティング[8]が毎日行われており、それらを通じて関係機関[9]や支援者間の情報共有を図った。同市の保健関

8　その後、定期的な全体会議は「保健医療福祉包括ケア会議」へと発展した。2019年7月現在は「未来図会議」と呼ばれている。
9　市内の機関・団体の他、県外から行政機関、職能団体、日本赤十字社、NGO等、様々な支援団体が入っていた。とくに、名古屋市による「行政丸ごと支援」が有名である。保健関係チームでも同市の保健師がコーディネーションなどで重要な役割を果たした。http://www.city.nagoya.jp/bosaikikikanri/page/0000035781.html（アクセス日：2019年9月1日）

係チームと調整した上で、5月10日時点で避難者数が20名以上であった全避難
所を巡回した。避難所としては公民館や学校、寺などが含まれていた。避難所
ではなく、近隣の家に避難する人や、被害を受けた自宅に残る人（いわゆる在
宅避難者）もいた。地域を回る中で、津波に関連する様々なストレスに加え、
窮屈な避難生活を耐え忍んでいる状況であったため、住民の心身への負荷が相
当あることが明らかとなった。

（2）グループワーク

　最も中心的な活動はグループワークであり、主に四つの小集団活動を実施し
た。第一に、「集い」は年齢性別を問わず老若男女を対象にした、各場につき
隔週に1回程度、1時間30分ほどの会である。標準的な構成としてはストレッ
チ体操（5～10分）、作業療法的な手仕事（30～40分）、茶話会と看護師による
健康相談（30分）であった。

　NICCOの他の専門家と各回の振り返りをし、次回以降の「集い」の組み立
てや分担について検討しながら実施継続した。「集い」のファシリテーターに
ついては特定のスタッフが担うのではなく、状況を見ながら分担した。心理
士、看護師、作業療法士、ソーシャルワーカーなど、スタッフのそれぞれの専
門的背景はありながらも、目の前の人々の状況とニーズをどのように読み解き、
「集い」の中身にどう反映するかという視点で議論して実施した。

　健康相談以外は狭義の「専門性」を強調した会にはせず、作業療法的な手仕
事などを通して住民が参加しやすく、リラックスでき、楽しめる会を心がけた。
そして、避難所から仮設住宅への移行期以降には、「集い」の中で住民同士が
語り合う機会が増え始めたこともあり、茶話会（「お茶っこ」）の時間を増やし
ていった。

　第二に、畑づくりプログラムは、仮設住宅周辺の農地にて、参加者が農作業
を通じて役割を持ち身体機能も活用することで、心身の安定を得られることを
目的とした活動である。週1回程度、共同作業日や「お茶っこ」の日を設けた。

　第三に、中高年の男性を対象とした男の集いを継続的に実施し、参加者同士
のつながりを築き、孤立化を予防する活動を行った。仮設住宅団地の環境の改
善のために大工仕事を取り入れたり、夜間に「集い」の実施を試みたりするな
ど、住民との対話とニーズに基づく活動を行った（写真2－6）。

　第四に、特定学区の小学生を対象に、心理社会的ケアを専門とする精神科医
が策定したプログラムを実施し、PTSDを予防する活動を行った。合わせて、

写真2-6 「夜の集い」

注：2012年春頃、仮設住宅団地にて。

保護者が子どもたちと一緒に活動をするとともに、保護者同士のわかち合いを通して、災害ストレスの影響から回復するための機会を提供した。

（3）個別のアプローチ

　グループワークと並行して個別のアプローチを取った。その一つとして、「集い」の開催前に、専門家が戸別訪問をしてチラシを配り、住民の健康状態を気にかけることも重要な取り組みとして位置付けた。何気ない会話の中から、生活や健康上の課題、支援体制等を把握した。健康問題があると訴える人等には看護師等と訪問し、血圧等のチェックを行った。

　また、「集い」の中で健康上の課題があり支援が必要な人を把握した場合には、ご本人の希望と承諾の下で、関係機関との連携による個別相談支援等を行った。NICCOが個別相談支援を行う場合、原則として、看護師、心理士、ソーシャルワーカーのうち２名体制か、他機関のスタッフとチームを組む体制で支援にあたった。NICCOが支援した人の主訴としては、災害後の抑うつや不眠、悲嘆等の精神面での反応、震災後の高血圧、今後の生活の不安等が多かった。他にも、震災後の認知症の悪化、アルコール依存症関連の相談等があった。

　陸前高田市等による「健康・生活調査」[10]（いわゆる、「全戸ローラー」）に

---

[10] http://www.koshu-eisei.net/upfile_free/rikuzentakadachousa703.pdf （アクセス日：2019年9月1日）

も協力し、NICCOの看護師と私の2名体制で訪問活動を行った。それまで、NICCOは避難所と仮設住宅を中心に活動していたため、在宅の被災者への支援の必要性について再認識することにもつながった。

（4）コーディネーション

　上記のグループワークと個別相談支援の直接的な支援を実施するにあたって、地域実践のための様々なコーディネーションを行った。

　2011年5月、「集い」の実施に際しては、市の健康推進課と保健関係チーム、地区の災害対策本部、県立病院等と調整をした上で開始した。NICCOは外部から入った支援団体であるが、開始当初は活動内容やその方針について他機関・団体の理解が十分に得られていない場合があり、丁寧に説明を行う必要があった。活動を開始する中で具体的な検討や相談を関係機関と積み重ねながら、それぞれの信頼を得られるように努めた。

　陸前高田市社会福祉協議会等によるサロン活動が活発化してきたことに伴い、2011年8月以降には同社会福祉協議会との連携や共催も行うようになった。2012年1月以降、「集い」の現地への移行を進めるにあたって、社会福祉協議会が開催するサロンとの共催や、住民による自主活動との連携を行った。

　個別相談支援にあたっては、地区担当の保健師や社会福祉協議会の生活支援相談員と連携した（写真2-7）。保健師による住民の健康状態の把握と、生活相談員による生活の見守りの体制があった。そのため、NICCOが把握した要支援の人については、原則として本人の希望と了解の下で、地元の支援機関につなげた。しかし、2011年8月以降、他の自治体からの専門家派遣チーム等が撤退していく中で、マンパワー不足があり、地元支援者で対応が難しい場合には、NICCOが必要な支援を行う、というように役割分担をした。

　また、保健師と社会福祉協議会等の地元の機関と連携しながら、必要な個別相談支援や地区単位のケア会議の開催等を行った。初動のときなどにはNICCOが調整を行うことがあった。しかし、持続性の観点から、NGOとしては単独でしかできないような役割を担いすぎないようにし、できるだけ既存の地元の支援者による体制を尊重し、必要な部分を後方支援する形を心がけた。

　その他、他支援団体との情報共有や連携、市内のネットワーク連絡会への参画なども行った。保健医療福祉にかかわらず、地域全体のニーズを捉えた上で心理社会的サポートを行うにあたり、現地で様々に開催されているネットワーク連絡会への参画と連携も重視した。

写真2－7　地区別の支援者会議
注：保健師および社会福祉協議会の生活支援相談員と開催。

3）ソーシャルワーカーとして大切にした価値と視点

　NGOのソーシャルワーカーとして大切にした価値や視点について5点に分けて述べる。

（1）ニーズに基づく実践

　本事業における活動の基本として、地域と住民のニーズに基づいて開始した。地域のニーズの把握は、活動の開始期、モニタリング期、展開期など、随時必要であった。ニーズを把握するにあたり、住民や「集い」の参加者等の声を聴くこと、参加者の様子に敏感であること、現地の情報や過去の震災の経験を把握することは重要であった。

　2011年5月時点でも、住民との対話、保健関係チームの報告、スクリーニングテスト（The Screening Questionnaire for Disaster Mental Health: SQD[11]）の分析結果などから、被災者が抱える災害関連ストレスが非常に高い状況がうかがえた。津波による強烈な被災体験、大切な人を亡くしたこと、当たり前の生活が失われた状況などに伴う災害関連のストレスを軽減することにより心身の不調を予防および改善することは、被災地に住む多くの人々にとっての健康

---

11 Fujii et al.（2008）を参照のこと。

課題であったといえる。

　仮設住宅移行期には孤立化の防止が地域課題となった。それは、学術的な報告を挙げるまでもなく、阪神・淡路大震災での孤独死が社会問題となったことが背景としてある。東北の被災地においても、震災後の中高年男性の孤立化を背景とした自殺やアルコール依存症等の健康問題の可能性が認識されているにもかかわらず、有効な支援策が十分には無い状況にあった。そのようなニーズに対応すべく、中高年の男性を対象としたモデル的なグループ活動を行った。

（2）語る、わかち合う、支え合う

　住民のつながりを大切にし、住民の力を信じること、そして住民が安心して語れる環境が重要であった。避難所での活動期には心理士や作業療法士の専門家が大枠のプログラム内容を組み立てたが、仮設住宅以降後は、徐々に住民を主体としていく活動に方向付けした。その理由の一つは、「集い」の開催時に、住民同士が災害時の体験を語り合い、受け止め合っていたことを観察したためである。生まれて以来、この地域の人たちとともに過ごしてきたという人が多く、住民同士で支え合う素地が地域にはあった。ただし、場所によっては住民同士で集まるきっかけがない場合もあり、第三者であるNICCOが「集い」の呼びかけをし、再び交流できるきっかけづくりを促した。そして、「集い」で「お茶っこ」の時間を多く取るようにする中で、同じ体験をした住民同士による語り合いにより、想いや境遇をわかち合う場が形成されていった。

　その一方で、個別相談支援、「集い」の実施場面、事前の調整、住民との何気ない会話や交流の中で、住民同士がお互いに知っていることが多いからこそ語り難いことがある、という声を聴くこともあった。外部からの支援者と住民との間にそれまで関係が無かったため、かえって、地元で語り難いことを語れるという人もおり、静かに耳を傾けることも重要であった。とくに、「集い」のときに、看護師による個別の血圧測定を行い、そこで語る人もいたため、大切な時間と空間として位置付けていた。

（3）孤立化予防とソーシャルサポート・ネットワーク

　仮設住宅団地によっては、様々な地区から入居している人が多い場合があった。そのような場では、住民の孤立化が懸念されたため、住民同士が交流できる機会をつくることが必要であった。そこで、住民との共同調理型のイベントなども開催し、住民が自然に集えるきっかけづくりも行った。ただし、外部団体による過多なイベント開催に起因する住民の「イベント疲れ」の情報もあり、

日常的で小規模なものにするなど工夫や配慮を心がけた。

　また、保健や福祉の要支援者については専門的な支援が入っているかどう
か、途切れていないかどうかを確かめ、必要に応じて地元の支援機関につなげ
た。震災時のソーシャルサポート・ネットワークの重要性は指摘されていたが
（中島, 2009）、このような取り組みも、フォーマルおよびインフォーマルな資
源を活用し、各人のソーシャルサポート・ネットワークを（再）構築していく
ということに他ならなかった。

（4）地域に根ざした協働的実践

　地域社会に根ざした協働的実践であることが重要であった。地域に根ざした
活動を行うにあたって、拠点を現地に置き常駐し、住民や関係者との顔の見え
る関係を築くことは重要であった。そのような関係を持ちながら、先述のよう
に、専門家主導の支援から住民中心の活動へと展開していった。小集団活動を
通じ、地区単位のコミュニティの（再）構築も狙いとした実践でもあった。

　さらに、NICCOの活動が行政や既存の地元機関の支援体制に残る形として
いくことが重要であった。NICCOは緊急災害支援として外部から入った団体
であり、役割を終えれば立ち去る立場である。NICCOが立ち去ったときに、
必要な支援が持続せず途切れてしまうという状況を避ける必要があった。その
ため、行政の方針を把握しながら、地元の関係機関とすり合わせをし、「集い」
等を現地化するにあたっては社会福祉協議会や住民の自主活動に移管すること
を実施当初から想定していた。実際に、当時の状況としてはある程度、計画通
りに現地化した。

　その一方で、NGOの役割として、行政に対して必要な提言、提案を行うこ
とも重要であった。たとえば、「集い」は2011年5月時点では他に先駆ける形
で実施することとなった。NGOが先行する形で実施することには賛否両論あっ
たが、行政にも実施の状況を報告し共有する中で、地域全体として益となるよ
うに心がけた。また、先述のとおり、「男の集い」や「畑づくり」を実施する
ことで、現場の実施モデルとして提案することも重要であった。

（5）学際的視点

　個別相談支援や緊急支援には精神保健や社会福祉に関わる高い専門性が求め
られることは言うまでもない。しかし、狭義の「心のケア」や保健福祉だけに
焦点化しては、結果として部分のみを捉えることになり、住民のニーズとも離
れてしまうことにもなりかねなかった。

保健、医療、福祉、教育などの専門性に加えて、その分野の垣根を越える学際的な（interdisciplinary）視点から地域で実践していく必要があった[12]。実際、陸前高田市保健医療福祉包括ケア会議等でも取り上げられたが、ハイリスクの人だけではなく地域全体に働きかけるという「ポピュレーション・アプローチ」などの公衆衛生の視点（佐々木, 2011）や地域開発のアプローチは現地での実践に役立った。

4）課題

　ここまで、活動の中で大切にしてきた価値や視点について述べてきたが、実際の活動場面では様々な状況や課題もあった。まず、活動の資本の一つであるスタッフの心身の健康の維持がある。私自身も、派遣当初の緊迫感や多忙な状況、また派遣の長期化などにより、心身への負荷の自覚があった。また、ときには周りの人とのコミュニケーションが上手くいかず悩むこともあった。厳しさの中にも休息、楽しみ、ゆとりを持つことが重要であった。幸い、周りの人々からの協力を得ながら、体調を崩すことなく活動することができた。

　支援者への支援の重要性も様々なところで議論になった。他団体により、支援者への支援に関する講習会等も現地で行われていた。NICCO現地事務所内でも、スタッフ同士のわかち合いの会を設けたこともあった。また、地元の支援者との語り合いや親睦の会は息抜きにもなるため大切な場であった。

　活動においては、緊急期を除き外部の支援者が目の前の人に継続して寄り添う形での支援だけではなく、より長期的に関わることになる地元支援者と住民、住民同士の関係を大切にした支援活動が必要であった。また、地元のペースや考えを尊重することが課題であった。外部の支援団体による支援者のペースでの支援になりかねないこと（住民の「イベント疲れ」を含む）も意識する必要があった。緊急期を過ぎた状況では、現地の人々の生きてきたペースと、いち早く復興を望む気持ちと、それぞれに思いを馳せながら活動していくことも必要であったと考える。

　東日本大震災から1年を過ぎた当時としては、地域精神保健をどのようにつくっていくか、ということが大きな課題であった。こころのケアセンターの設

---

12 たとえば、災害精神保健を被災地すべての人の健康課題と捉え、住民主体の活動により実践するプライマリ・ヘルスケア（PHC）の視点があろう（松田ほか, 2010）。

置計画をはじめとして、公的なシステムを再構築していくことは重要な課題であった。さらに、元々の過疎の課題もあり、被災前の状況に戻るということではなく、必要な人に行き届くような新たな支援システムの構築が地域には求められていた。つまり、限りある資源の中で、住民や当事者の力が生きた地域活動が求められていたと考える。

5．活動を振り返って

　本事業では、特定の実践モデルに基づき実践したわけではなく、一つ一つの出会いや経験から、活動を展開してきた。いわゆるケースワーク、グループワーク、コミュニティワークが一体となったソーシャルワーク実践であった、と考える。本章では、東日本大震災の被災地にて実施された活動の一側面を述べたにしかすぎないが、他の実践の参考になれば幸いである。

第3章　スリランカにおける草の根の実践
―ソーシャルワーカー隊員として―[1]

　前章で述べたように、私は東日本大震災の被災地における支援事業に2012年7月まで従事した。契約終了に伴い、その後の進路について検討した。結果として、独立行政法人国際協力機構（JICA）が開発途上国に派遣する青年海外協力隊（現・JICA海外協力隊）[2]に応募することにした。

　応募の理由やきっかけはいくつかあった。NICCOに転職したときと同様に開発途上国の保健福祉や障害分野に関わる活動に参加し貢献したいという希望と、その際、ソーシャルワーカーとして挑戦してみたいという想いがあった。東日本大震災の被災地では、偶然、ソーシャルワーカーとして部分的に活動することができたが、通常、NGOにおいては一スタッフとして関わることが求められる。そのため、これまでの私自身の経験をより直接的に活用したいと考えていたところ、青年海外協力隊の募集職種にソーシャルワーカーがあることを知った。また、副次的な理由として、東日本大震災の被災地で、海外からのドナーや開発途上国での活動経験者など様々な人々と交流する機会を得たことにより、応募動機を喚起されたことも大きい[3]。

　青年海外協力隊に応募する際、希望国については案件の内容を見て、第三希望まで記すことができた。私の記憶では、ソーシャルワーカーの案件は数件あり、第一希望はエジプト、第二希望はマレーシアとした。受験後、合格することができたのであるが、派遣通知にあった文字は「スリランカ」であった。第三希望に書いたか書いていなかったか定かではなかったスリランカであり、その通知を見たときに正直戸惑った。しかし、希望通りにはいかないことも多い

---

[1] 本章は拙著（東田, 2015）を大幅に改変したものである。「国際保健医療」編集事務局より本書への使用の許諾をいただいた。感謝申し上げたい。また、高橋ほか（2018）と、筆者による『響き合う街で』（やどかり出版）における連載（2012年11月～2015年2月の間に8回）も参照のこと。
[2] JICA海外協力隊のホームページを参照。https://www.jica.go.jp/volunteer/
[3] 第1章でも記したように、阪神・淡路大震災により祖母宅で避難生活を余儀なくされていたときに、同じく避難しに来ていた従兄から聞いた話も印象に残っている。その従兄は、アフリカに二度、青年海外協力隊として派遣されたことがあり、体験談を聞くことができたのである。従兄の話を聞く中で開発途上国に興味を持つようになり、私が青年海外協力隊に応募したきっかけの一つにもなった。

という情報を事前に聞いていたこともあり、また行かないという選択肢は無かったため、派遣を受け入れる決心をした。そして、2012年10月10日からの65日間、駒ケ根訓練所で派遣前訓練を受け、2013年1月から2015年1月までの2年間、スリランカに派遣された。結果として、スリランカで活動できて良かったと心から感じている。

　本章は、スリランカの地域社会に根ざしたリハビリテーション（CBR）事業におけるソーシャルワーカー隊員としての活動について記す。私は、ソーシャルワーカー隊員としては三代目の派遣であった。私自身の体験を中心に記すが、それまでの活動の上に私の活動が成り立っている部分があったため、前任者2名のソーシャルワーカー隊員の計画書と報告書を、補足的な資料として用いることにした。また、CBR事業をマネジメントする社会福祉担当官に対して行ったヒアリング等のデータも参照した。本章では、CBRとソーシャルワークに関する概略と、活動地やCBR主担当の役割に関して述べた上で、ソーシャルワーカー隊員の活動について記す（コラム3）。

1．CBRとソーシャルワーク

　開発途上国において、国連障害者権利条約の履行に向けて、各国政府の行政機関のみならず、障害者をはじめとする様々な関与者の参加の下で取り組むことが求められている。1970年代後半以降、CBRが90以上の国と地域で、各国の政府やNGO等によって推進されている[4]。CBRは国際的には「すべての障害のある人のリハビリテーション、貧困削減、機会均等、ソーシャル・インクルージョンのための、総合的なコミュニティ開発のなかでの一戦略」と定義付けられている（ILO et al., 2004）。

　CBR実践のあり方は多様であり、また、その網羅する領域は広範である。世界保健機関等（WHO et al., 2010）は、CBRガイドラインにて主要5領域（保健、教育、生計、社会、エンパワメント）を提案している。日本ではCBRや地域社会に根ざしたインクルーシブ開発（CBID）はあまり浸透している用語・概念ではなく、また開発途上国における実践のみを示すものとして誤解される

4　世界保健機関（WHO）のホームページを参照。https://www.who.int/disabilities/cbr/global_database_form/en/

コラム３．スリランカの農村における生活と活動

　スリランカの北中部州アヌラーダプラ県の農村には、２年弱にわたり、ホームステイをしながら滞在した。ホームステイ先の家族には大変お世話になり、彼らの支え無しには２年間の活動を完了することはできなかった。

　通称ダンバデニィャ・カデー（「Dambadeniyaの店」の意味）と呼ばれていたその世帯は、当初７人家族であった。父母、長男とお嫁さんと子ども、長女と次女であった。住み始めて半年ほどで長女が結婚し嫁いでいった。結婚式のとき、次女等は今生の別れかのように大泣きしていたが、長女の嫁ぎ先は２㎞ほどしか離れていないので、その後もしばしば一緒に会ったり、食事をしたりしていた。それと前後して長男のお嫁さんが妊娠し、新しいいのちも生まれた。そのように、様々なライフイベントが次々と起こっていた。

　私の部屋はその家族が住む家の２階にある一室で、５畳ほどのスペースがあった。ホームステイ先の母親が作ってくれる食事を毎日食べていた。基本的には毎日三食カレーである。ただ、日本でイメージするカレーとは違い、ワンプレートのお皿にご飯と何種類かの野菜等のカレーがよそわれるスタイルである。手でこねながら食べると美味しいことや小石を取り除けることなどを教わった。ホームステイ中に食中毒になるようなことはなく、むしろ日本にいるときよりも健康であったほどである。

　他の村人と同様に、その世帯も上座部仏教を信仰していた。ホームステイ先の家族の中で最も信仰深かったのは母親で、毎日お経を欠かさずにあげ、週末には１時間以上かけてアヌラーダプラ市内の大きな寺に参拝に行っていた。ときどき、家族に連れられて、近くの寺や冠婚葬祭に連れ出され、宗教行事に参加することもあった。

　ここで述べたのはホームステイの一端であるが、その家族との生活を通じて、村の生活を体験し、様々なことを学ぶことができた。2015年の活動終了後にも何度か訪問したが、いつもあたたかく迎えてくれ、私にとってはもう一つの家族のように感じている。

写真左　ホームステイ先家族との写真

写真右　ホームステイ先での長女の結婚式

ことさえあるが、実際には日本の障害分野や社会福祉等における草の根の実践活動に通じる部分が多い[5]。

　CBRガイドラインにおいて、ソーシャルワーカーは二次的な対象者として記されている（WHO et al., 2010）。そして、CBRにおけるソーシャルワーカーの役割を地域に根ざした実践の中から明らかにしていくことは重要である。本章では、CBRにおいて重要な役割を果たしうるソーシャルワーカーや社会福祉関連職の活動に着目する。

　スリランカでは、1970年代後半にパドマニ・メンディス博士等によって世界でも先進的なCBRの取り組みの一つが開始され、1981年には試行事業となった。国際機関も関与する中で、1990年代前半には国家事業化した（以下、CBR事業）。CBR事業の目的として、障害者が権利を享受し責任を果たすことができるようになるためのリハビリテーションの実施と、社会開発事業を通じて障害者の社会参加の機会を創出することが定められていた。2012年以降、全国25県331郡10,127村でCBR事業が実施されていた。CBR事業を現場レベルで担う人材として、地方行政職である社会福祉（社会サービス）担当官等が配置されていた。

　ソーシャルワーク専門職のグローバル定義[6]は、ソーシャルワーカーを専門職として定義付けているが、スリランカにおいて社会福祉担当官は必ずしもソーシャルワークの専門教育を受けているわけではない。しかし、同国の多くの地域で社会福祉や地域開発に関して地方行政職が中心に活動しており、社会福祉担当官の果たすべき役割はまさにソーシャルワークに通じる。そこで、社会福祉担当官をソーシャルワーカーとしてみなすことが妥当である、と考えている[7]。

5　たとえば、2015年に東京で開催された第三回アジア太平洋CBR会議において、日本のCBIDについての事例集が紹介された。https://www.dinf.ne.jp/doc/japanese/intl/cbr/cbr_jirei_2015/index.html

6　https://www.ifsw.org/what-is-social-work/global-definition-of-social-work/（アクセス日：2019年9月1日）

7　実際、開発途上国をはじめとする多くの国々において、ライセンスを持たないソーシャルワーカーや社会福祉専門職が多くいるのも事実である（Akimoto, 2017）。

２．活動地と派遣関連の情報

　スリランカの障害分野におけるJICAの代表的な取り組みとして、2007年から2017年までの期間中、北中部州アヌラーダプラ県ラージャンガナヤ郡におけるCBR事業に青年海外協力隊が派遣された。ラージャンガナヤ郡には大都市コロンボからバスを乗り継いで8時間ほどかかる。同郡は1960年代頃に開拓と入植が進んだ場所である。そして、住民のほとんどがスリランカでは7割程度を占めるシンハラ人で、かつ上座部仏教徒であった。2013年度統計によると、ラージャンガナヤ郡の面積は63.5㎢、人口は32,684名で、363名の障害者が登録されていた。

　2017年までに、同郡にて5職種16名の青年海外協力隊がCBR事業にて活動した（表3-1）。派遣職種はソーシャルワーカー、村落開発普及員（コミュニティ開発）、養護、青少年活動、理学療法士である。そのうち、本章では、私を含む3名のソーシャルワーカー（以下、ソーシャルワーカー隊員）の活動について述べる。ソーシャルワーカー隊員の現地受入担当者（カウンターパート）は郡事務局（日本の役場に相当）の社会福祉担当官であり、CBR主担当を兼務していた（コラム4）。そのため、以下、CBR主担当の任務を明らかにした上で、外部からの支援者であるソーシャルワーカー隊員の役割や経験について述べる。

表3-1　ラージャンガナヤ郡に派遣された職種の一覧

職種	初代隊員の赴任時期	活動部局	派遣人数*
ソーシャルワーカー	2008年2月	社会福祉部局	3
村落開発普及員	2007年10月	サムルディ公社**	3
養護	2008年7月	地区教育事務所	3
青少年活動	2009年2月	青少年問題部局	3
理学療法士	2010年2月	社会福祉部局	4(1)

＊ 2017年現在で一連の派遣が終了。括弧内は、うち短期ボランティア。
　 その他、2007年9月から2011年1月までフィールド調整員が同郡の事
　 業を担当。
＊＊ 貧困対策を担う。郡事務局内に設置されている。

コラム4．社会福祉担当官サロージャ女史

　私が派遣されていた地域（任地）で、2年間、ともに活動をしたのが現地受入先担当者（カウンターパート）である同郡社会福祉部門社会福祉担当官のサロージャ女史であった。彼女の存在無くして、ラージャンガナヤ郡の障害と開発の取り組みの推進はあり得なかった。

　障害当事者や家族、関係者等は、親しみと敬意を込めて「ミス（Ms.）」や「サロージャ・ミス」と呼んでいた。サロージャ・ミスは周囲の人々から信頼される存在であった。そして、母のような存在であった。あたたかみがあり、ユーモアがあり、しかし活動には真剣に取り組むような人であった。彼女を突き動かしているものとして、スリランカの障害問題を改善していきたいという強いパッションのような、あるいは使命感のようなものがあるように見えた。つまり、ただ形式的に活動や業務を行うという人ではなかったのである。私はサロージャ・ミスがカウンターパートで幸運であったと考えている。本当に多くのことを学んだ。

　私の派遣期間が終わった後、数年ぶりに同地を再訪した。サロージャ・ミスは隣郡に異動となっていた。そこでは、ラージャンガナヤ郡で実施していた簡易作業所の取り組みを推進していた。彼女による人々との草の根の取り組みとその姿勢は、どこの地に行っても変わらないことを確信した。

写真　ラージャンガナヤ郡事務局での最後の勤務日

注：左から中島優子・元隊員（養護）、副所長、筆者、サロージャ・ミス。2015年
　　1月撮影。

3．CBR主担当の状況と役割

1）国家事業におけるCBR主担当の位置付け

　社会福祉省CBRユニットの担当官へのヒアリングによると、2014年9月現在、全国で472名のCBR主担当が配置されていた。CBR主担当は社会福祉担当官（Social services officer：以下、SSO）、社会開発支援員（Social development assistant）、開発担当官（Development officer）により構成されており、基本的に他事業と兼務していた。たとえば、ラージャンガナヤ郡のSSOは障害者の他に、高齢者、寡婦等、いわゆる社会的弱者への支援を担っていた。CBR主担当は障害者、村ごとに任命可能なCBRボランティア、他部門のオフィサー等とともに多様なCBR活動を行うことが求められていた。

2）CBR主担当に求められる視点

　中央の社会福祉局がCBR主担当に求める視点を把握するためにトレーニングを視察したことがある。その一つは、CBRに関する基礎的な知識と技術の向上のための、CBR主担当初任者トレーニング（5日間）である。そこでは、「障害モデル」、「障害者の権利」、「国家政策とCBR」、「各種ミーティングのコーディネーション」、「地域社会の動員」、「地域社会に根ざしたインクルーシブ開発（CBID）」、「CBRのマネジメント」が主要な内容であった。現場レベルのCBR主担当のトレーニングにおけるポイントについて、CBRガイドライン（WHO et al., 2010）が提示する視座と一致していることが明らかであった[8]。

3）アヌラーダプラ県におけるCBR主担当の役割

　北中部州アヌラーダプラ県内の各郡にCBR主担当が2名程度ずつ配置されていた。同県では、CBR主担当の進捗報告会議が県庁にて原則毎月開催されていた（写真3-1）。2013年度は各担当官からの活動実績数についての口頭および紙面での報告が中心であった。2014年より毎月数郡の実践について、プロジェクターを用いて写真やスライドを照射しながら報告および議論する形が取られるようになった。

　表3-2に、全国のCBR主担当のCBR事業における任務を表すものとして、

8　詳細については拙著（Higashida, 2018）を参照。

写真3-1　アヌラーダプラ県庁における月次定例会議（2013年春頃）

表3-2　全国のCBR主担当の月報項目

在宅リハビリテーション数	会議（開催数）
社会参加の機会（開催回数）	-自助グループ
モンテッソーリへの紹介数	-家族会
普通学級への紹介数	-CBRボランティア会議
特別支援学級への紹介数	-郡連携会議
医師への紹介数	-その他の村会議
職業訓練への紹介数	訓練（開催数）
就業機会への紹介数	-職員対象
開設した作業所プログラム回数*	-CBRボランティア対象
自営支援費（支給数）	-障害者対象
	イベント（開催数）
	-宗教的
	-保健関連
	-余暇・社会交流
	-その他

注：CBR事業に関連のあるもののみを抜粋した。一部、文意を明らかにする
　　ために意訳した。また、障害者手当や補助具支給等は表から除外した。
＊　ラージャンガナヤ郡の取り組みがモデルとして認められ、2014年5月頃よ
　　り正式に追加された。

毎月の業務報告項目を示した。これらの実績は、郡のCBR主担当から県を通じて中央の社会福祉局に報告されていた。CBR主担当の役割および業務については地域状況に合わせた柔軟性が認められていたが、自助グループや家族会の開催支援とCBRボランティアに関わる業務が基本であった。

アヌラーダプラ県内のCBR事業のモデル地区であるラージャンガナヤ郡には、2名のSSOが配置されており、うち1名が実質的に障害関連事業およびCBR事業を担っていた。そのSSOは、障害関連事業の各種手当支給等の一般行政手続きに加えて、CBR事業を実施していた。

2013年の同県の年度末会議にて最優秀評価を受けたラージャンガナヤ郡のSSOは年間CBR事業実績として、1）在宅リハビリテーション、2）社会参加プログラム、3）教育部門への参加促進、4）訓練への参加促進、5）就業促進、6）世帯収入向上、7）各種イベント、8）連携事業を報告した。

なお、州単位でCBR事業の取り組みは大きく異なっていた。たとえば、東部州バッティカロア県（2014年5月に視察）や北部州ムライティブ県（2016年および2017年に調査）等の紛争時の激戦地では、行政によるCBR事業が限定的で、その代わりに複数のNGOがCBRを積極的に実施している例が見られた。したがって、このことは、アヌラーダプラ県における取り組みは一例であり、各地域の社会、政治経済、民族、宗教等の文脈を見ることが重要であることを示唆する。

4．ソーシャルワーカー隊員としての役割と経験

表3-3にラージャンガナヤ郡におけるソーシャルワーカー隊員の活動計画の概要を示した。各隊員の計画書および報告書を用いて、ソーシャルワーカー隊員の役割について四つに分けて説明することにした。すなわち、「地域のアセスメントおよび評価」、「新しい実践の提案とモデル的実践の普及」、「既存の活動の活性化」、「多職種のコーディネート」である。ただし、「多職種のコーディネート」をはじめ、各役割には重複している部分がある。

1）地域のアセスメントおよび評価

各ソーシャルワーカー隊員が最初に行ったことは、外部からの支援者として現地に適した活動を模索するための、地域状況とニーズの把握であった。ラー

表3-3　ラージャンガナヤ郡のソーシャルワーカー隊員の活動計画

No.	性別	活動期間	活動計画コンポーネント（6か月目）
1	女	2008.2〜 2010.7	1. 地域の障害者についての現状把握 2. 地域の障害関係グループの組織化 3. フォーマルな社会資源の見直し 4. インフォーマルな社会資源の開発 5. CBRボランティアの支援の質の向上
2	男	2011.4〜 2012.4	1. 簡易作業所の運営支援 2. CBRボランティアによる活動の活性化のための支援 3. 障害者の自宅への巡回 4. シンハラ語によるわかりやすいアセスメントシート作成 5. 他職種の隊員のコーディネート
3	男	2013.2〜 2015.1	1. 地域のニーズおよび支援状況の把握 2. CBRボランティアおよび社会福祉担当官（SSO）による支援方法と支援体制の改善 3. 障害当事者主体の活動促進と社会資源の新規開拓・普及 4. 他部門および他機関との連携の活性化

注：一部、用語の統一および意味の明確化のために加筆修正した。

ジャンガナヤ郡において、2008年当初は障害者の生活実態が不明であったという。2008年に初代のソーシャルワーカー隊員が派遣され、SSOとCBRボランティアとともに積極的なアウトリーチによって地域の障害者の状況が把握された。2008年10月時点で96名の障害者に個別生活支援などが行われていることが明らかとなった。その後も継続的に障害者の個別状況の把握が実施された。私自身も、2013年2月の現地活動開始直後から、2008年以来収集されていた情報を参照しながら、SSOやCBRボランティアととも、郡内の障害者の個別生活状況や社会資源情報をアップデートした。それらの情報は、地域に根ざした活動を行うに際して、基礎的情報であり、重要な活動であった。しかし、情報が1カ所に集約されているわけではなく、まさに現場を駆け回りながら情報を一つずつ収集する必要があり、時間と労力がかかる活動であった[9]。

　訪問を重ねる中で、劣悪な環境に置かれている障害者に出会うことがあっ

9　赴任直後には、どのような地区に住居があり、どのような資源が周りにあるのか、ということの把握さえ容易ではなかった。たとえば、郡の地図は当然市販されておらず、地方行政が保有する地図（手書き）の入手にも時間がかかった。現地の人に紙や土の上で地理的情報を示してもらうことも多かった。

た。最も悲惨で象徴的なケースとして、日本でもかつてあった「座敷牢」とでも呼べるような、隔離室や離れの部屋があった。鎖でつながれ、身動きが取れない状況に置かれている障害者にも出会った。私は、他郡も含めて、4件ほどの同様のケースに出会うことがあった。そのうち、家族による障害者に対する明らかなネグレクト等の虐待が見られたケースは1件のみであった。他のケースでは、家族として「どうしようもなくこのようにしている」という趣旨のことが語られることが多かった。ある親は自身が病弱かつ高齢であり、障害者本人が家から飛び出してしまって危険な目にあったことがあり、保護のためにそのように隔離や拘束していて、他の方法がわからない、と語っていた。これらの理由はもちろん、正当な理由ではなく、障害者の権利や声に基づく視点から見ることが重要である。しかしながら、家族自身が周囲からの支援を十分に受けることができず、孤立している問題も併存している、と理解するに至った。つまり、一つの状況を理解するにあたり、多角的に見ていくことが必要であり、また現地関係者等による継続的な関与が必要であった。日本ほど専門職が配置されているわけではなく、またシステマティックな介入が困難な状況下で、可能な範囲でCBR関係者と定期的な訪問による介入などを行い、本人の社会参加の機会を拡大しながら家庭の環境を整備するような活動を試行錯誤した。

　また、2013年までの間、上記以外の地域のアセスメントや介入後の評価は行われていなかった。各種統計情報も統合されていないことに加え、部門を超えた情報収集が困難であったが、既存の情報システムを生かしながら地域のアセスメントと評価を行う必要性を認識した。そこで、2013年より、私はCBR事業の関係者と協力して、社会資源の発展過程とその中での障害者の生活の質への影響について明らかにするための調査を提案した。初案は私が提案したものだったが、計画と実施の段階で、CBR主担当等の関与者を可能な限り巻き込むように試みた（詳細はHigashida, 2019）。

　2014年には、実態が不明であった教育関係の地域状況について明らかにする必要性が、郡事務局の「子どもの発達およびCBR合同会議」等において、現地の関係者から述べられた。そこで、私はSSOや子ども支援担当の行政官および教育関係者と協議した。地域の関係者によっては、そもそも障害児が非就学（out-of-school）であっても教育支援が必要な子どもであるという認識が無いといった問題や、IDカードさえ発行されていない障害児が多いという問題が明らかとなった。結果として、障害児を含む非就学児の実態を明らかにするため

の調査が複数の部門との協働により開始されることが決まった。そして、非就学児等の自宅を訪問し、本人および家庭の希望と状況を確認した上で、必要な支援策を取るプロジェクトを試行するに至った。しかしながら、派遣期間があまり残されていなかったこともあり、パイロット的なプロジェクトとして終了し、その後は教育関係者に引き継ぐ形となった。

2）新しい実践の提案とモデル的実践の普及

　各種会議や巡回訪問の中で見出された課題やニーズに対して、現地の関係者とともに新たな実践を試みた。これらの活動は、既存の資源を活用した新しい実践の提案と、モデル的実践の普及の二つに分けることができる。

　新しい実践例として、2013年に、私はSSOと協議して、CBRボランティアのグループ化による活動を試みることを共同で発案した。CBRボランティア定例会議の中で、その単独による活動の停滞が課題になっていたのだが、CBRボランティアがその提案を受けて「まずはやってみよう」と声を上げた。実際の方法については、SSOと、各村の実情をよく知るCBRボランティアが議論した。そして、CBRボランティアをグループ化した上で、二つの対象エリアでの全戸訪問調査が行われた（写真3-2）。結果として、それまで各エリアで

写真3-2　地域アセスメントのための訪問活動

注：CBRボランティアやSSOとの全戸訪問活動の実施場面。どこの家を回るか役割分担をしている様子。筆者も参加。2013年撮影。

未支援状態にあった複数の障害者がCBRボランティアやSSOによって発見された。そのうちの何名かは、本人の希望やニーズに基づき、後述の簡易作業所やCBR村委員会等への参加につながった。

　さらに、多セクターの参加によるCBR郡委員会や巡回訪問活動時の議論を通じて地域課題として挙がった非就学の障害児を対象としたこども教室を、教育部門と連携しながら、CBR主担当およびCBRボランティア等とともに開始した。隔週に一度程度ではあったが、毎回5～10名程度の障害児とその家族が参加した。活動内容は主に遊びやアートを取り入れたものであったが、参加者層に応じて、教育関係者のアイディアをもとに試行錯誤で工夫した。

　モデル的実践の普及に関しては、ごく小規模の作業所の普及活動が例として挙げられる。2009年より、施設を持たずに行政の所有敷地や寺などで実施する作業所（以下、簡易作業所）がモデル的なプログラムとして開始された。2012年に近隣郡で開始するまでは県内にはその1カ所のみで、先駆的な活動であった。2013年より、当事者活動の発展と収入向上を目的とする簡易作業所普及のために、私はSSOや作業所の利用者と協議し、ラージャンガナヤ郡の障害者および家族とともに、要望があった県内他郡での出前講座を開始した（写真3-3）。加えて、各郡の障害者やSSO等との議論、製造トレーニング、参加型の評価などを通じて簡易作業所の普及を図った。2014年9月までに5郡7カ所にて簡易作業所（作業を伴わないこども教室を含む）が開始された。

写真3-3　簡易作業所普及活動（2013年）

　それぞれの郡での作業所の始動後は、各作業所の関係者によって、自主的に進められることになった。数か月に一回程度のモニタリングを行ったところ、継続しているところと継続していないところがあった。その要因等について障害者、家族、SSO等に聞き取り調査を行い、関係者にフィードバックした。課題としては、簡易作業所の設立と運営による即時的な効果が見えにくく、参加者のモチベーションや集団としての勢い（momentum）を保つことに苦慮している場合が多いことが明らかとなった。製品を作ってすぐに売れるかどうか、また同じ製品を作って継続的に売れるかどうか、すなわち収入になるのか、ということがポイントの一つであった。参加者が流動的であり、製品の質の担保が容易ではないことについても、しばしば参加者が述べていた。他方、材料を安価もしくは無料で自主調達し共同で製品を作る場合や、参加者間の信頼関係や協力関係が醸成されている場合には、小規模ながらも継続しているように見受けられた。

3）既存の活動の活性化

　すでにある活動の活性化に関して、3名のソーシャルワーカー隊員に共通していたものは、1）CBRボランティアおよびSSOとの巡回訪問、2）CBR郡委員会および村委員会の開催支援、3）簡易作業所などの社会資源の活性化のための支援活動であった。これら三つの活動は、SSOやCBRボランティアとの協働、もしくは現地の人材への支援を通した障害者への間接的支援であった。そして、基本的には地域にある既存の資源を用いた活動であった。

　たとえば、郡内にいくつかあるCBR村委員会を開催する場合、各村を担当するCBRボランティアが中心となって声がけをし、障害者やCBRボランティアの自宅、寺、村の集会所などにて実施した（写真3-4）。標準的な会のプログラムは、開会のあいさつ、お経と黙祷に始まり、前回会議録の発表、会計報告、提案と議論、情報提供、障害者による歌などであった。2008年当時、CBR事業として必須な業務にもかかわらず開催がほぼなされていなかったため、ソーシャルワーカー隊員の協力もあって組織化が進められ、私自身もその活動を引き継いで協力した。協力の内容は、事前の呼びかけといった具体的な活動や、会の運営方法についての助言等であった。

　その他の場面においても、現地の継続的な活動に関わりながら、SSOや障害者および家族、その他の関係者との対話を続け、呼びかけについての支援や助

言、活動の活性化のためのワークショップの開催などを行った（写真3−5）。一つの例として、2009年以降、ソーシャルワーカー隊員が村落開発普及員や貧困対策の現地担当官等と協働し、郡事務局の技術科学部門等による生計向上トレーニングに障害者を呼び込み、持続的な自営を可能にするための製品技術向上の取り組みを行った。

写真3−4　あるCBR村委員会の様子（2013年）

写真3−5　簡易作業所の様子（2017年、タンブッテーガマ郡にて）

　もう一つの例として、2013年および2014年に実施した障害啓発プログラムがある（写真3-6）。たとえば、2014年には、自助グループと家族会が主催し行政が後援しながら、女性障害者の権利を訴えるためのデモ活動が郡中心部で行われた。私は障害者等によるスローガンづくりのためのグループワークやプラカードの共同作成などで補助的な役割を担った。

　これらの活動に参加しながら、私自身、任地の人々の人間関係の築き方、行動や活動の手法など、様々に学ぶことができた。実際には、私が海外から任地にやってきて、現地の人々に助言できるようなことはあまりなかったと言っても過言ではない。むしろ現地の人々に学びながら、それらを現地の文脈でいかに発展や活性化できるか、といった視点での関わりが多かったようにも思う。

4）多職種のコーディネート

　ラージャンガナヤ郡への青年海外協力隊の5職種派遣の目的はインクルージョンとエンパワメントを推進することであり、とくに、部局間の連携強化とその相乗効果が期待されていた。多職種間のコーディネートは、1）青年海外協力隊の連携強化と、2）現地の部局連携促進のためのコーディネートとに分けて説明することができる。

　第一に、2008年当初から、現場レベルで各隊員との連携が図られた。CBR

写真3-6　障害啓発のための行進（2013年）

ガイドラインにある5要素（保健、教育、生計、社会、エンパワメント）に沿って広く活動を展開するために、各隊員および各カウンターパートとの協働により活動が実施された。

　具体的な活動としては、2009年以降、青少年問題部局と連携し、ユースクラブの既存の活動に障害者が参加するとともに、障害者の活動にユースクラブのメンバーが参加するという、相互参加が促進された。私も青少年活動の日常的な活動に参加協力した他、2014年に青少年活動隊員の派遣が終了となることに際し、そのプログラムの評価を共同で計画および実施した。

　さらに、養護隊員と連携して、教育部門と社会福祉部門の共同事業を開始した。先述のとおり、2014年に郡事務局の「子どもの発達およびCBR合同会議」等で議題となった非就学児への支援について、障害児を含む支援となるように全体調整に関わった。

　第二に、縦割り行政のため部局間の連携が限られている実情に対して、2013年より部局間連携を図るための活動を行った。たとえば、それまで現場で行われていなかった精神障害者の支援のコーディネート、18歳未満の障害児の支援環境改善のための連携と照会などを試みとして行った。とくに、開発担当官、村担当官（Grama officer）、保健センター（Medical Office of Health）の助産師、県教育病院地域精神保健ユニット等との連携を図った。

　私としては、日本で精神障害者の地域生活支援に関する活動に従事していたこともあり、スリランカにおいても同様の活動への関心があった。着任して認識したのは、精神障害者の生活実態がつかみ難いということであった。地方行政が把握している機能障害種別としては、身体障害、知的障害、てんかんがある人が多かった。精神障害者は、世帯の中で隠されやすい存在であることに加え、病院が主な関与者となるため、地域の社会サービスにつながることが少ないということが理由であるように思われた。実際、精神保健や精神病院の専門職は地域のSSO等と連携する機会が皆無に近い、ということが明らかとなり、具体的なケースを通じて支援の協議を行うことや、SSOに対して精神障害と地域生活支援に関するセミナーを開催することなどを試みた。しかしながら、活動後半期に開始したこともあり、どこまで活動が現地に生かされたかについては不明な点も多い、というのが正直なところである。

5．直面した障壁

　実際の活動においては、外部からの支援者として失敗することや障壁に直面することがあった。ここでは象徴的な二つの事例を挙げる。

　第一に、外部からの支援者の主導により持続化しえなかったという事例がある。先にも触れたとおり、他郡で開始した簡易作業所や、他部門への照会システムを含め、私が主導したプログラムのいくつかが持続しなかった。障害者や家族、SSOはそれらのプログラムの始動後に（少なくとも表面的には）参加していた。しかし、立ち上げの段階で計画や運営への関与が低く、私がいなければ開催されないなどの状態になり、時間の経過とともに消滅したのである。

　第二に、簡易作業所の普及活動に関して、事前調整していたにもかかわらず、活動開始後に郡事務局長から急遽停止を求められたことがあった。他郡での活動に対する危惧や外国人としての安全上の懸念などがあり、問題視されたのである。同郡のSSOの他、すでに連携していた県CBR担当官やJICAの調整員の協力を得ながら協議した。その結果、他郡での活動に際しての事前手続きの明確化と、各方面から信頼と同意を得ていたことの確認により、再開が承認された。

　この2点に限らないが、2年間という活動期間の制約の中で、現地語であるシンハラ語（一部、タミル語）の習得に時間がかかる状況下で、「現地の人々と必要なことを見出し、できることに取り組む」という姿勢で試行錯誤していた。何につけても、現地の人々とのコミュニケーションや協力関係というものがカギとなっていた。外部から入った者として、日本や海外の考えに基づく提案をしたいときもあったが、どの活動も基本的には現地の人々が主体的に実施するものであることを意識していた。そのため、考え方のベースを現地の文脈に置きながら、そこに私と現地の人々との相互作用によって、より良い絵をともに描き行動していくことが重要だったのではないか、と考える。

6．全体を振り返って

　CBR主担当の役割を明らかにした上で、CBR事業におけるソーシャルワーカー隊員としての役割と経験について述べてきた。その役割について、二つの特徴を挙げることができる。

　第一に、CBRとソーシャルワークの親和性が強いことである。たとえば、「多職種のコーディネート」や「地域のアセスメントおよび評価」では他部門とのインクルーシブな連携事業、「既存の活動の活性化」等では障害者のエンパワメントや地域への働きかけなどを重視した。この点は、障害分野においてインクルージョンおよびエンパワメントを同時に進めるという複線アプローチ（twin-track approach）との関連も指摘することができる（久野・Seddon, 2003）。

　その役割に関わる基本的視点として障害モデルがある。障害を理解し行動するためのモデルとして、道徳モデル、医学モデル、社会モデル、統合（相互作用）モデル、人権モデル、人間開発モデル等があり（Mitra, 2018）、CBR事業におけるソーシャルワーク実践では社会モデル（社会にある障害や障壁に着目する視点）および人権モデル等を指向した（第4章も参照）。対象地のCBR事業においては、社会資源の発展や意識啓発プログラムのように、人権としての当たり前の生活と健康を保障するために、障害者を取り巻く社会環境を障害者とともに改善していくことで、すべての人々にとって暮らしやすい地域をつくることを目指した。

　第二に、外部からの支援者であるソーシャルワーカーとして、間接的支援あるいは側面的支援が中心的な役割であったという特徴がある。地域に根ざした活動であるため、障害者や家族等との出会いと対話、個別生活支援のための助言をすることはもちろんあった。しかし、「既存の活動の活性化」や「新しい実践の提案とモデル的実践の普及」等で述べたように、単独での活動は最小限にとどめ、現地の関与者を巻き込む支援活動が重要であった。「直面した障壁」の二つの事例からは、障害者や現地スタッフ等が計画や運営に最初から主体的に関わることの重要性が示唆される。それらの前提として、現地の関与者との信頼関係に基づくパートナーシップが必要であったと考える。

　これらは、プライマリヘルスケア（PHC）の原則（松田ほか, 2010）等にある適正技術、資源の有効的活用、照会システムの活用と強化、多セクターによるアプローチなどと共通する。つまり、ローカルにある人的資源を含む社会資源や伝統的な技術を活用しながら、地域開発を進めていくという視点である。ソーシャルワーカーを含む専門家の役割は、Peat（1997）が述べるように、「コミュニティが独自の解決方法を見出し自分たちの資源や経験を見出すように、励まして勇気づけること」（p.111）に他ならない。そして、地域社会は外

部の支援者に依存することなく、持続可能な地域づくりを目指していくことが可能となる。他国のCBR実践においても外部の支援撤退後の課題について報告されることがあるように、外部からの支援者として重要な視点の一つといえよう。

第4章　モンゴルにおけるマクロ・アプローチ
―JICA長期専門家として―

　スリランカでの任期を満了した後、国際開発についての学びを深めるための英国留学等の経験を経て、2018年5月からの2年間、JICA専門家として技術協力プロジェクト「ウランバートル市における障害者の社会参加促進プロジェクト」（以下、DPUB）に従事する機会を得た。職名は長期専門家（調査分析/業務調整）であり、狭義のソーシャルワーカーとして派遣されたものではない。しかし、DPUBに従事する中で、ソーシャルワークにおけるマクロ・アプローチに他ならないと考えるようになった。モンゴル国労働社会保障省（厚生労働省に相当）に配属となり、中央省庁や障害分野NGOと連携する中で、障害関連施策に関わった。東日本大震災におけるNGOスタッフのときと同様に、業務調整に関する業務量が全体の半分程度を占めたが、本章では、障害関連施策に関する業務を中心に述べたい。

　本章では、はじめにDPUBの概要を示した上で、私が主に関わった活動の枠組みと、具体的な取り組みや経験について述べる。

1. 技術協力プロジェクトの背景と概要[1]

　モンゴル政府は、2009年に国連障害者権利条約を批准し、2012年に人口開発・社会保障省（現・労働社会保障省）の下に障害者開発課を設置した。2013年には障害者社会保障法や社会福祉法を改正し、2016年2月には障害者権利法を制定するなど、障害者の社会参加促進に向けて積極的に取り組んでいる。一方で、障害者の生活は困難な状況にあり、障害者に合理的に配慮した環境は整備されていないのが実情であった。さらに障害者団体・支援団体の育成も不十分なため、障害者の社会参加を実現するための土台が構築されていない状況があった。

　そのような背景の下、モンゴル政府は、障害と開発に関わるプロジェクトの

1　プロジェクト概要を参照。https://www.jica.go.jp/project/mongolia/015/outline/index.html

実施を日本政府に要請した。その結果、2016年５月から2020年５月までの４年間、DPUBが実施されることになった。DPUBは、「ウランバートル市において障害者の社会参加を促進する体制が強化される」ことを目標とし、労働社会保障省を相手国受入機関（カウンターパート）としながら実施されている。

　モンゴルにおいて、障害者権利法が基本法のような位置付けにあり、その実施のために「障害者の権利保護、社会参加促進及び開発支援国家プログラム（2018〜2020）」がある。障害者政策委員会として障害者国家委員会の下、14省庁傘下にある障害者副委員会、各県およびウランバートル市の各区にある障害者支部委員会が横断的な取り組みの計画と実施を担っている。そのような体制に合わせてDPUBは活動を行った。

　DPUBが目指す成果目標は四つである。すなわち、成果①「ウランバートル市における障害者に関する情報が労働社会保障省において整備される」、成果②「ウランバートル市において障害者の社会参加を促進する団体の能力が強化される」、成果③「ウランバートル市において物理面および情報面のアクセシビリティを改善するための資源が形成される」、成果④「障害者の社会参加を促進するために、労働社会保障省の能力が強化される」、である。

　これらの成果を達成するために、日本人専門家３名が派遣されている。その内訳は、１）チーフアドバイザー/障害主流化、２）障害者エンパワメント、３）調査分析/業務調整である。私は３）調査分析/業務調整を担う後任としてプロジェクト後半の２年間派遣された。

　私は成果①の障害関連情報にかかる活動を主に担当している。具体的な活動には「障害者の課題・ニーズ等の基礎調査と障害統計の整理」が含まれる。私が着任するまでの主な活動として、2016年11月に「モンゴル国別障害情報」が作成された。また、2018年３月に国内で初めて発刊された「モンゴル国障害者白書」の作成にDPUBは協力し、同年５月にはアクセシブルな様式として労働社会保障省のウェブサイトに同白書が掲載された。さらに、障害統計に関する取り組みにも参画した。以下に述べる取り組みは、前任者から引き継ぎを受けながら、上記の２名の日本人専門家とモンゴルの関係者との協働により実施したものである。

2．実際の活動

　実際の業務はチームとして取り組んでいる。ここではDPUBの主要な活動と成果①に関する活動について記す。

1）省庁・分野横断的な活動

　DPUBの専門家はプロジェクト開始以来、上述のプロジェクト目標に向かって多角的な活動を行ってきた。全体の活動の基本として、障害は個人ではなく社会の問題であるという「障害の社会モデル」（the social model of disability）[2]の視点を戦略的に用いながら活動を実施してきた。次節で述べる障害平等研修を基礎的な活動に据えながら、省庁横断的な障害インクルーシブ開発（disability-inclusive development）を目指す活動を実施している。その中でも重要なアクターとして14省庁に設置されている障害者副委員会があり、行政官と障害分野NGO代表者によって構成されている（表4－1）。DPUBとしては、いくつかの障害者副委員会に参画しながら、必要な助言等を行ってきた。

表4－1　各省庁管轄の障害者副委員会の委員数

	省庁名	委員数	行政機関	非政府組織
1.	労働社会保障省	25	15	10
2.	自然環境・観光省	18	10	8
3.	国防省	11	8	3
4.	保健省	24	17	7
5.	建設・都市開発省	26	18	8
6.	食糧・農牧業・軽工業省	16	11	5
7.	財務省	14	7	7
8.	エネルギー省	16	8	8
9.	法務・内務省	17	14	3
10.	教育・文化・科学・スポーツ省	27	19	8
11.	鉱業・重工業省	17	10	7
12.	道路・運輸開発省	18	14	4
13.	外務省	9	8	1
14.	通信・情報技術庁	24	14	6（民間企業4）

出典：2019年版モンゴル国障害者白書（p.45）

2　障害の原因として機能障害に着目する伝統的な「障害の医学モデル」（個人モデル）に対抗するものとして位置付けられることが多い。

　たとえば、DPUBのチーフアドバイザーが中心となって、物理および情報の
アクセシビリティの改善に向けて、法律や規則の改正や実施の促進がなされる
ように助言等を行っている。物理アクセシビリティについては、労働社会保障
省との調整の下で、建設・都市開発省や道路・運輸開発省の行政官と障害分野
NGOに向けたセミナーと協議の場を設けてきた。アクセシビリティ法案や建
築物等に関わる新基準の協議が進められている。

　障害者副委員会の全体への働きかけも重要である。私はセミナー開催の企画・
調整・登壇や事前調査などを担当した。2019年5月16日に障害者副委員会の能
力強化を目的としたセミナーを初めて開催した。14のすべての副委員会から合
計約70名が参加した。DPUBは障害理解についての講義、国連障害者権利条約
およびモンゴル国障害者権利法の実現・実施強化に向けた講義を行った。その
上で、障害者副委員会ごとの協議を行い、各副委員会が抱える課題等について
話し合った。本セミナー終了後に、各障害者副委員会の実績、計画、課題等に
ついての分析を行った。その結果、各省庁下の障害者副委員会において活動実
績にばらつきがあることと、さらなる活動の促進が必要であることを明らかに
した。

　同セミナー開催から半年ほど経過したこと、また各副委員会が次年度の計画
づくりを行っていく時期であることから、2019年11月28日に障害者副委員会
フォローアップ・セミナーを開催した（写真4-1）。同セミナーでは、障害

写真4-1　障害者副委員会フォローアップ・セミナー

者副委員会の取り組みの状況を労働社会保障省がモニタリングし、各副委員会の活動を促進することを目的とした。セミナーの前週に行った四つの副委員会（教育省、保健省、財務省、法務・内務省）へのヒアリングの結果報告、他国の省庁横断的な取り組みの事例とアイディアの紹介、モンゴルで求められる実施体制の提言等を行った。最後に、それらを踏まえ、各副委員会のテーブルごとに次年度の活動に向けた協議を行った。このセミナーの中での主要なテーマとしては、課題別による省庁横断的な連携の強化、行政機関における障害者雇用などの重点課題に対する取り組みの推進、障害者団体・支援団体の継続的な参加による定期会議やモニタリングの重要性、などが議論に上がった。プロジェクト終了後も障害者副委員会が重要な役割を果たしていくことが期待される。

2）障害平等研修（DET）とその評価[3]

　障害の社会モデルと人権モデルの考えに基づく障害平等研修（Disability Equality Training: DET）[4]は、DPUBのすべての活動の基本として位置付けられてきた[5]。とくに、DETの実施とファシリテーターの育成に力を入れている。私はDETに関してその評価などしか担当していないが、DETがDPUBの軸となる活動であるため触れておきたい。

　DETはその発展の過程で、いくつかの表現のバリエーションがあるが、基本的な目的は同じである（Gillespie-Sells & Campbell, 1991）。多くの研究者（e.g., 三島, 2009ab）が引用するように、初期のDETトレーナー・ガイドでは次のように述べられている。

　DETコースは、障害者と接する人々が、（中略）これらの差別的慣習における本質についてと、それらを除去するために何ができるかについて理解

---

[3]　拙著（東田, 2020b）の一部について改変して記したものである。
[4]　DETは1970年代に英国にて発祥した（Gillespie-Sells & Campbell, 1991）。その後、DETは、英国の障害者差別禁止法（Disability Discrimination Act: DDA）推進のための研修として発展してきたことに加え、実施組織が国際機関より財政的な支援を受けたり、国際開発プログラムの中で実施されたりするなど、幅広く実施されるに至っている。開発途上国においては、JICAが「障害と開発」の取り組みを進める一環としてDETを導入し、その実施方法を発展させている。2019年現在、世界では少なくとも30か国以上の国々にてDETが実施されている（障害平等研修フォーラム, n.d.）。
[5]　「障害者の権利保護、社会参加促進及び開発支援国家プログラム」7.1.5条項には「障害平等研修（DET）の啓発・普及のための活動を行う」と明記されている。また、労働社会保障省障害開発課にDETを担当（ただし兼務）する障害職員が配置されている。

できるようになるために、障害者自身によって設計される。(Gillespie-Sells & Campbell, 1991: Chapter 2)

　DETとは、障害者の社会参加促進と多様性に基づく共生社会の創造を目的として、障害者自身がファシリテーターとなって実施する、ワークショップ型で対話を重視する研修またはトレーニングである。グループワークの中での対話等により、受講者が差別や排除等の社会にある「障害」を発見する体験を通じて、社会問題としての障害を捉える視点（障害の社会モデル）を獲得し、その問題解決のための行動を形成できるようになることを目指している（久野, 2018；障害平等研修フォーラム, n.d.）。つまり、DET受講により、「障害は社会の問題であり、その解決のために私たちにできることがある」という視点で意識や行動の変容がなされることが期待される。

　DETの構成や内容については、目的や条件に応じて様々なバリエーションがありうる。実際、Carr et al.（2012）は、例として8パターンを提示している。また、三島（2009b）が英国におけるDET実施関係者のインタビューを行って明らかにしたように、各団体や個人によって、DETの実施方法や、事業へのDETの取り入れ方も様々である。

　表4-2に、モンゴルにおけるDETの標準的なセッションの例を示した。基本的には1回あたり3時間のセッションであり、DPUBとしてはそれを強く推奨しているが、受講者の要望と状況に応じて1時間30分の短縮版（通称、「紹介型」）とする場合がある。また、DET実施後に、視覚障害、聴覚障害、移動上の障害に焦点を当てた接遇（介助）研修を実施する場合がある。

　写真4-2は、2019年7月にウランバートル市において実施された第4回アジア太平洋地域社会に根ざしたインクルーシブ開発（CBID）会合のための、事前研修としてのDETの風景である。ホテル、ボランティア、空港職員等を対象に、接遇研修との組み合わせにより実施された。

　DPUBは2019年12月末時点で46名のDETファシリテーターを養成した。そのうち、ファシリテーターに助言指導ができる人材の育成を目的にシニア・ファシリテーター11名を育成し、シニア・ファシリテーターの中からファシリテーターの養成講座を実施できる人材として3名のトレーナーを育成した。DETの実施に関しては、2017年2月に本格始動し、2020年2月末で実施回数が312回、のべ受講者が10,250名であった。

表4-2　障害平等研修（DET）の案内例（簡略版）

障害平等研修（Disability Equality Training）

DETフォーラム・モンゴル

　「障害平等研修」（DET）は、世界38か国で取り組まれている障害啓発の手法です。イラストやビデオを使った参加型の学習方法で、障害のある人が進行役（ファシリテーター）を担当し、参加者の学びを促すことが特徴です。
　障害とは何か、どこにあるのか、その原因は？　参加者とファシリテーターが対話をしながら、社会や環境、人々の意識に潜む「障害」を発見し、解決のための行動計画の作成と実行のアプローチを習得します。

➢　日時：2019年X月X日14：00-17：00

➢　プログラム：
　14:00-14:15　ファシリテーターと参加者の自己紹介
　14:15-15:30　DET前半「障害って何だろう」
　• 導入：研修目的、プログラム説明
　• 演習1：障害とは？（1回目）
　• 演習2：イラスト分析
　• 演習3：ビデオ分析
　• 演習4：障害とは？（2回目）
　• 前半まとめ：国連障害者権利条約
　15:30-15:45　休憩
　15:45-17:00　DET後半「行動づくり」
　• 演習5：インクルージョン（包摂）とインテグレーション（統合）
　• 演習6：当事者の声を聞く
　• 演習7：合理的配慮事例
　• 演習8：行動づくり
　• まとめ

　DPUBとしては、他の成果目標や活動においてDETを基礎的な活動として位置付けている。たとえば、成果③におけるもう一つの指標である物理および情報のアクセシビリティの改善や、成果①の障害統計に関する活動等において、関係者の社会モデルに基づく障害理解を醸成するために、DETを基礎的な活動として実施している。そのため、DETの受講者は、実際にはDPUBが主催する他のセミナーや勉強会に参加することや、協議会や委員会等にて協議することが多々ある。
　DETは障害インクルーシブ開発と障害者のエンパワメントを進める強力な

写真4－2　DET実施の様子（グループ演習）

手段として実施されているが、その影響やインパクトを捉える必要があった。私は、このように幅広く実施されているDETの評価を企画立案・実施した。DETを受講した人たちにとって、どのような意識や行動の変容が起こっており、社会においてどのようなインパクトをもたらしているのかについて、関係者と共有する意義があると考えたからである。労働社会保障省傘下の実施機関である障害者開発庁の職員2名を調査員として養成し、DET受講者である行政機関職員や民間企業従業員、学生等に対するインタビュー調査を実施した（写真4－3）。

　本調査の結果として、DETを受講した行政機関および民間セクターにおいて、諸個人の意識や行動の変容と、アクセシビリティの改善をはじめとする具体的なインパクトを見出した。組織レベルでの事例として次のものを挙げることができる。第一に、2018年にDETを実施したバガノール区役所内において、案内板の高さの見やすい位置への変更、床の滑り止めの設置、ドアの敷居の撤去等が行われた。同区役所は周辺のサービス業者にもアクセシビリティ改善を働きかけており、銀行や通信会社等に区長が書面にて通知した。その結果、区役所に隣接するハーン銀行支店では、スロープの設置やトイレの改修等が行われていた。同区は、DETに加えアクセシビリティに関する研修を実施しており、DPUBの様々な活動の成果が発現した好事例といえる。

　第二に、2017年9月にDETを実施したソンギノ・ハエルハン区の労働福祉

写真4－3　DET評価インタビューの様子

注：障害者開発庁所属の調査員2名（右）によるインタビュー。

サービス課は、労働福祉サービス課全職員を六つのチームに分けてアクセシビリティ改善に取り組んだ。その結果、スロープの改修、手すりの設置、手話研修の実施および車椅子利用者向けの低い受付カウンターの設置等の改善が行われた。障害者専用の駐車スペースは、雪で路面が覆われたときのことを考慮し、壁にも車椅子マークを設置するなどの工夫が施されていた。また、担当部署を表示した案内板は、聴覚障害のある人のみならず、すべての利用者にとってわかりやすいものであり、職員にとっても尋ねられる回数が減り、業務が効率的になったとのことである。スロープの改修は元々取り組む予定であったが、DETを通じて他にも改善すべき点があることに気づき、予算がかかる洗面所の改修にも今後取り組む予定で、他にも地域の障害者を集めてニーズの聴き取りを行う計画であるとのことであった。

　2020年4月にDET評価報告書を労働社会保障省および障害者開発庁と共同でモンゴル語にて作成し、関係者に知見の共有を図った。その評価結果や知見を現地の人々に還元するという意味で一つの重要な活動であった。また、2020年3月31日付労働社会保障大臣令A/86号にて、「『障害平等研修』の実施及びファシリテーター資格授与に関する規則」が承認された。今後も行政側が責任を持ってDETを行っていくこと、将来的にはNGOへ業務委託していくこと等の根拠として、本評価の知見の活用が期待される。

3）障害統計に関する取り組み[6]

　DPUBは、DETを基礎的な活動として位置付けていることからも明らかなように、障害の社会モデルを戦略的に用いている。この認識論は、まさに障害の捉え方そのものの根本に関わるものである。他方、医療や保健の分野においては、機能障害のみを障害の原因とみなすような、旧来型の「障害の医学モデル」に基づく見方が強い。実際、モンゴルにおける旧来の障害定義は、「労働損失程度」という、機能障害や労働不可の程度により判定される医学的な診断に基づいていることが象徴的である。

　障害モデルに基づく考え方を色濃く表すものに障害統計がある。障害統計は障害者関連施策の根拠にもなるため重要である。私は、障害の社会モデルに基づく障害統計に関する取り組みに参画した。社会的な側面や問題に注目するソーシャルワークと親和性のある取り組みであるとも考えた。

　とくに、障害の社会モデルが考慮された（あるいは社会モデルの視点を含む相互作用モデルに基づいた）国連ワシントン・グループ短縮版質問セット（WG-SS）の活用推進に協力した。WG-SSは、2001年に国連統計委員会により設立された「ワシントン・グループ」が、各国の政府統計局や障害関係の国際組織等の参加の下、国際生活機能分類（ICF）の概念に沿いながら、国勢調査やサンプル調査において利用可能な尺度として開発したものである。6領域（視覚、聴覚、移動、認知、セルフケア、コミュニケーション）の生活機能における制限あるいは困難さを測定するWG-SS等を作成し、2006年に同グループにて同セットが承認された。ワシントン・グループ事務局は、毎年、各国の統計局に対して障害統計の報告を求めており、WG-SSの普及状況を取りまとめている。

　モンゴルでは、2018年4月に国家統計局長と労働社会保障大臣が共同令を発令し、「障害者の基礎データベースを構築するためのモニタリング及び全国調査」実施のための作業部会が正式に発足した。DPUBは、同作業部会の構成員として必要な助言や協力を行った。2018年4月より作業部会が開催され、2018年5月には国家統計局が改善調査票（初案）を作成し、2県（セレンゲ県とオルホン県）にてパイロット調査を実施した。本調査票には機能障害種別の項目だけではなく、スクリーニングの項目としてWG-SSが含まれた。さらに、2018

6　本部分は拙著（東田, 2019）に加筆修正したものである。

年12月には、バヤンウルギー県にて、WG-SSに精神保健に関する項目を加え
た全8項目を用いて、32名の調査員により、ある地区の全戸（545世帯）を対
象にしたパイロット調査が実施された（写真4−4）[7]。

　2019年4月末頃に、パイロット調査の結果を受けて、同作業部会は調査のあ
り方や内容等について協議した。その結果の一つとして、2020年に実施された
国勢調査（2010年以来）にWG-SSが初めて導入された。

　他方、議論の中で障害統計に関して、関係者の様々な認識も明らかとなった。
2018年における同作業部会では、障害統計の根幹にある障害概念や統計手法が
十分に議論されず、障害者数や障害率の「正確性」（既存の障害統計情報の数
値を誤差なく一致させること）を追求することなどについての議論に多くの時
間が費やされた。そして、国連障害者権利委員会によって障害統計の不備を指
摘されたことへの対応として、障害者登録データベースを構築することや国際

写真4−4　バヤンウルギー県におけるパイロット調査のモニタリングの様子

注：右から筆者、調査員、障害者開発庁担当者、回答者。

7　国家統計局、労働社会保障省、Norwegian Lutheran Mission（NLM）が主催し、DPUBが研修
時のDETおよび調査時の助言等で技術協力を行う体制により実施された。各調査員は、国家統計
局から貸与されたタブレットを持参し、対象世帯を訪問した。スクリーニングとしてWG-SSの6
項目と作業部会独自の2項目（精神保健およびてんかん）を用いて4段階の選択肢（困難無し～全
くできない）で聞き取り、一つでも3（かなり困難）以上があった場合に、個別に機能障害や生活
状況等の詳細を聞き取る方式であった。さらに、同様の調査が2019年2月にホブド県にて実施され、
DPUBも技術協力を行った。

的尺度を障害統計に導入することなどのために新たな統計調査を実施するというような計画も検討された。これらは、障害の医学モデルや相互作用モデルなど、異なる障害概念に基づく統計情報（言い換えると、障害者登録数の確認と障害率推計調査等）が混在し、それらを一つの調査によって収集するなどの点から、理論的には混乱した計画であったと言わざるを得なかった。

　モンゴルにおいてこのように障害統計の整備が進まない主要な要因の一つは、異なる概念や手法によって変わりうる障害統計の複雑さそのものであろう。WG-SS、ICF、既存の国内障害統計の違いが明確に理解されておらず、たとえば、「ICFを導入すれば正確な統計が取れる」と考える関係者がいた。また、国勢調査、サンプル調査、登録による障害統計の違いや特徴も十分に理解されておらず、どの方法でも同じような結果が得られる、と考えている関係者もいた。結果として、行政官や障害者等の現地の関与者において障害統計に関する包括的な理解が醸成されず、共通の理解を関係者間で持つことが困難な状況が生まれ、実際の障害統計に関わる取り組みにおいて様々な概念や手法が混在したものとなる、と理解することができた。

　そのような理解の下、障害統計に関する関係者との協議や勉強会等を通じて、モンゴル国内で必要な障害統計のあり方について議論の推進を図った。たとえば、2019年12月に、主要な関係者の参加の下で勉強会を開催した。国家統計局、障害者開発課、障害者開発庁、アジア開発銀行（ADB）、障害分野NGOの3団体等より合計で約12名が参加した（写真4-5）。私が障害統計の国際潮流と

写真4-5　障害統計勉強会

モンゴルの障害統計の全体像について整理した上で、国家統計局障害統計担当者がWG-SSを活用した調査結果の報告を行った。協議の結果、WG-SSの結果を障害者白書に記載することが提案された。これらを通じて、複雑な障害統計における国際尺度導入の位置付けと意義について一定の共通理解を得ることができたと考える。ただし、より広い人々の理解の醸成と、障害統計をどのように政策に活用していくかについての議論の深化が必要である。

4）障害者白書に関する取り組み[8]

　障害関連情報の総合的な情報ツールである障害者白書[9]の作成は、情報収集（状況分析）、計画づくり、作成作業（実施）、活用と評価を含む螺旋的な過程によって進められた。以下、私の着任前の経過も含めて記す。

　DPUBが活動を開始した2016年当時、聞き取りや情報収集により状況分析を行った。行政機関および18カ所のNGOにて聞き取りを行った他、それらの組織が把握している障害関連情報についても収集した。そして、「国別障害情報」としてまとめた。結果、障害分野の情報はある程度存在するものの、十分に統合がなされていない状況が明らかとなった。

　そのような課題を踏まえて、2016〜2017年にかけて、DPUBは関係者との研修や会合を行った。初期の作業チームには、障害関連分野の主要な関与者として、行政側からは労働社会保障省、国家統計局、国立リハビリテーションセンター、労働社会福祉サービス庁が参加したことに加え、二つの障害者団体が参加した（写真4-6）。作業チームがそれぞれの所属組織の障害統計や情報を洗い出し、素案となる非公式文書「モンゴルにおける障害統計・情報の現状」を作成した。これにより、チーム内でも全体像が共有できるようになり、有識者からも助言をもらう土台ができた。

　2017年7月から8月の間の約10日間、障害統計や障害者白書に関して学ぶために日本で研修を実施した。モンゴルの行政およびNGOの関係者が研修に参加した。その中で、日本における障害者白書の事例を踏まえて、モンゴルにおいても基礎情報として障害者白書が必要ではないか、という声が挙がった。そ

8　拙著（Higashida, 2020）に加筆修正したものである。
9　モンゴル政府による障害分野の支援の規則や取り組みを国民に向けて発信し、理解を促進するための定期的な報告書として位置付けることができる。

写真4−6　障害者白書作成の作業チーム

　して、参加者が中心となって計画・準備するために障害者白書の作成チームが作られた。まとめ方についてもチーム内で議論され、国連障害者権利条約に沿った章立てを検討することになった。行政機関によるオーナーシップの下、目的・構成・内容が詰められた。取りまとめは障害者開発課が行った。2017年12月3日の国際障害者デーに第1版の原稿が完成した。編集・修正作業等を経て、2018年3月に労働社会保障省がモンゴルで初となる障害者白書を発刊した。様々な場面で同白書が活用され、多数の肯定的な評価を受けた。

　行政プログラムにも障害者白書の発刊が明記され、2018年下半期には行政の関係者を中心に継続発刊を目指す必要性を確認した。協議により、第1版から変更を加える必要性について議論した。2018年10月には障害者開発課と協働して障害者白書の構成案を作成した。そして、2018年11月に、関係省庁および障害者副委員会が一堂に会したところ、障害者開発課が全体に趣旨を説明した。その後、関係省庁および障害者副委員会の担当者が担当部分の執筆作業に入った。前回同様に、障害者開発課がそれらの記事を取りまとめ、適宜調整を行った。2019年3月に第2版の障害者白書を発刊した（写真4−7）。2019年5月には労働社会保障省のウェブサイトにアクセシブルな形式でアップした[10]。

　障害者白書は量的に幅広く配布されているのみならず、多くの機関・団体に

---

[10] http://www.mlsp.gov.mn/nnews/298

写真4－7　モンゴル国障害者白書の表紙

注：左が第2版（2019年3月発刊）、右が第3版（2020年5月発刊）。労働社会保障省およびJICA/DPUBより提供。

様々な機会で活用されている。ウランバートル市内を中心に1,750冊以上を配布した。労働社会保障省ウェブサイトからのダウンロード数は、2020年4月1日現在で、合計7,000件以上となった。

　障害者白書が各機関・団体の活動の基礎情報として取り扱われており、障害分野における教科書のような役割を果たすことも明らかとなってきた。DPUBにおいても、アクセシビリティ・セミナーや障害勉強会を含め、各種セミナー・会合において、同白書を用いている。DPUBのチーフアドバイザーが「セミナーや勉強会では、就労やアクセシビリティ、障害統計等の様々なテーマに関して質問が出るが、多くの場合、質問内容の回答が障害者白書に記載されている」と述べるように、参照文書として頻繁に活用されている。

　また、2019年版の障害者白書において、障害者副委員会の取り組みが掲載されたと同時に、各委員会において活動の進捗にギャップがあることも明らかとなった。先述のとおり、各省傘下の障害者副委員会の能力強化を促進し、各分野間の連携を促すためのセミナーを開催した。第2版障害者白書第9章にある各障害者副委員会の取り組みを参照しつつ、その構成員である行政官とNGO代表者が議論し、課題を認識できるように意識した（写真4－8）。

写真4－8　障害者副委員会向けセミナーにて障害者白書を活用（2019年5月）

　モンゴル政府、障害者団体、JICAに加え、アジア開発銀行や国際協力NGO等が、国際協力支援策を考える上で障害者白書を参考にし、課題を把握している。たとえば、国際協力NGOが障害者白書をもとにモンゴルの介助者制度の現状を理解し事業計画案を作成した。他にも、国内外の関係者から「一冊で様々な情報がわかるようになった」等の声が多く聞かれる。

　以上のように、障害者白書を作成し共有することで、モンゴル政府、障害者団体、JICA等の国際協力アクターの間で、障害者の現状や課題、行政の取り組み等に対する共通認識が醸成されたといえる。その結果として、各種プロジェクトや事業の活動方針が明確になり、組織を超えた連携が促進されることで、障害者の社会参加を促進する活動が活性化されうる、と考える（コラム5）。

3．ソーシャルワークの視点からの考察

　ここまで述べてきたことから明らかなように、DPUBや私は、中央行政の中に入りつつ、NGOや障害者等の関係者と連携しながら、政策・施策に関わるマクロレベルでの活動を行ってきた。狭義のソーシャルワーカーとして従事したわけではなく、障害者や要支援者に対するケースワークのような活動は皆無に等しかった。しかしながら、DPUBとして、中央行政の立場を活用し、ウラ

コラム5．CBR/CBID関連の国際会議

　私は、CBRの国際会議について、2015年9月に東京で開催された第3回アジア太平洋CBR会議、2016年9月にマレーシア（クアラルンプール）で開催された第2回世界CBR会議等に参加し発表したことがあった。

　2019年7月2〜3日にウランバートル市内にて第4回アジア太平洋地域社会に根ざしたインクルーシブ開発（CBID）会議が開催された。「CBR」の代わりに「CBID」が障害分野の国際会議名に用いられたのは初めてのことであった。同会議にモンゴル国内から約400名以上、アジア太平洋の諸国から約200名程度が参加した。DPUBも同会議開催の準備や調整等において様々な形で協力した。

　分科会（Concurrent session）で、私は現地受入担当（カウンターパート）の障害者開発課レグゼン課長と共同発表した。テーマは「障害関連政策における情報統合のためのインクルーシブ戦略—モンゴルにおける障害者白書に関する事例報告」であった。世界には障害者白書や障害分野の行政文書が発刊されている国はいくつもあるが、モンゴルの好事例を紹介した。

　障害者白書が多様な機能を持つこと、たとえば障害分野の施策・実施等についての基本情報を国民に広く共有することだけではなく、セミナーや勉強会等の活動を通じて関係者と共通理解を持てること、省庁横断的に政策・活動実績をモニタリングすることができること、対外的にもモンゴルの障害関連施策の実情を伝えることができること、などについて述べた。

　さらに、別の分科会では、DETフォーラムのエンフニアム会長が、モンゴルにおけるDETの取り組みとそのインパクト、今後の展望等について発表した。このように、本会合を通じて、モンゴルにおける実践について世界の人々と共有できる機会になり、大変有意義であったと感じる。

写真　第4回アジア太平洋CBID会合における分科会

注：発表後のパネルディスカッション時の様子。右から筆者、共同発表者（レグゼン課長）、一番左が千葉寿夫チーフアドバイザー。2019年7月撮影。

ンバートル市内、ひいては全国における障害問題の是正に努めてきたものである。本章の冒頭でも述べたように、モンゴルにおける政策レベル等での取り組みについて、広く言えば、マクロレベルのソーシャルワーク実践と捉えることができる。

本章で述べてきた広義のソーシャルワーク実践のあり様は他章における実践とは大きく異なるが、一言で言えば、それは所属する組織の役割や機能の違いによるところが大きいというのは明白である。行政の社会的責務として、広く障害問題に働きかけていくための政策を障害分野NGO（障害者団体含む）等と進めていく必要があり、DPUBはそこに協力している。

もちろん、中央行政の立場からできることには限りがある。ミクロ（個別）やメゾ（小集団・地域）のレベルでは、地方行政やNGOの活動無くして成り立つものではない。また、草の根の活動による現地の文脈に根ざした柔軟な活動や創意工夫といったものがなければ、法制度や事業の実施というものは実体の無いものになってしまう。実際に、モンゴルでは、法律はできてもその実施が伴わない事例が散見されるが、その理由の一つは、中央行政とそれ以外の分断や、社会的な実態や資源等と法制度との乖離といった問題があろう。そのため、中央と地方、行政と民間のそれぞれの協力や連携の強化が不可欠となってくる。

本章で述べたマクロレベルの実践について、着任前には、それは何かとてつもなく大きな取り組みになると想像していた。しかしながら、実際には何事も人と人との関係性の中で取り組みが行われる、という基本的なことは何も変わらないことを考えさせられた。もちろん、政策レベルにおいては関与者の政治的な思惑や関係性があり、草の根レベルでの実践とは異なる特徴もあるが、政策や事業を動かしていくのは最終的には人である。一つ一つの議論を通じて物事が動くことを痛感した。

JICA専門家として本プロジェクトに関わらさせていただいたことで、これまで実感を持てずにいたマクロレベルでのアプローチについて学ぶ機会ともなった。その意味で、現場や文脈は異なるが、これまで日本やスリランカで活動してきたレベルとは異なる活動に関われたことは、私自身にとって大変幸運であった。

第5章　もう一つのシャルワークについての考察
―障害と開発に焦点を当てて―[1]

　本章では、日本における実践（第1章および第2章）を踏まえつつ、開発途上国における実践経験（第3章および第4章）に焦点を当て[2]、国際開発の文脈におけるソーシャルワーク実践について考察する。とくに、本章では二国間の開発協力におけるソーシャルワークについて、その特徴的な事象として関与者（stakeholder）との関係性に着目し議論する。

　国際開発にかかる政策や実践を進める際に、「援助側」と「被援助側」における関係性[3]の議論は重要である（Midgley, 2009, 2017；和田・中田, 2010）。二国間の政府開発援助（ODA）の文脈におけるソーシャルワークにおいては、関与者間にある（ときに相反する）利害関係を含め、援助問題や政治的関係性が横たわっている場合が多い。つまり、日本国内のソーシャルワークの実践とは大きく異なる側面がある。実際、二国間の国際社会福祉においては、自国の国益や外交上の戦略、各国の思惑等が背景にある場合が多く、議論はより複雑になるであろう（Midgley, 1997, 2009, 2017）。そのような文脈における複雑性を考慮しながらも、議論を深めていくことが必要である。

　本章では、国際開発におけるソーシャルワークは、規範や関与者とのダイナミクスをはじめとして、複雑かつ多様な文脈に依存する実践であり、現場実践に根ざした議論が重要であることを述べる。そして、海外からのソーシャルワーカーとしては、現地の関与者との対話に基づいて、政策、実践、知を協働して創造していく視点を持つとともに、外部者としての省察的な実践[4]が日々求められることを提案する。

1　本章は、拙著（東田, 2020a）を改変し書き直したものである。旬報社より本書への使用の許諾をいただいた。感謝申し上げたい。
2　JICAにおいては、有償資金協力、無償資金協力など様々な事業スキームがあるが、本章では海外協力隊派遣と技術協力プロジェクトにおける専門家派遣のみを踏まえて述べる。
3　このような二項対立的な位置付けを議論の前提とすることについての批判的な考察も必要と考える。
4　ソーシャルワークにおける省察的実践については日和（2015）を参照。

1．規範と文脈の中にある実践

　本節では、国際開発におけるソーシャルワークに影響を与える国際規範について議論し、その実践が文脈に依存するものであることを述べる。

1）規範と実践

　欧米を中心に、ソーシャルワーク実践を規定するものとして価値、倫理、原則等が中核に位置付けられてきた（リーマー，2001）。そして、一般的にソーシャルワーク実践は、クライエントをはじめとする関与者、諸個人や地域社会のニーズと課題、法制度や社会資源、そしてソーシャルワーカー自身等によって構成されるが、それらに対する言説を含む国際規範や枠組みは重要な要素である。とくに近年、ソーシャルワーク専門職のグローバル定義[5]が世界レベルで、ソーシャルワークにおける強力な規範として浸透しつつある[6]。

　各分野においても様々な国際的な潮流や規範がある。障害分野においては、国連障害者権利条約や「アジア太平洋障害者の『権利を実現する』インチョン戦略」等がある。また、すべての開発問題を包摂するものとして持続可能な開発目標（SDGs）があり、その中で障害インクルーシブ開発を国際的にどのように進めるかという議論がある。

　さらに、障害分野の議論の基礎として、障害の捉え方の根本に関わる障害モデルがある。先述のとおり、障害の医学（個人）モデルに対抗するものとして、社会の障壁によって生み出される障害に着目する社会モデルや、人権モデル等がある。

2）文脈依存的な実践

　上述のような国際規範や概念等は、障害者、実践家、研究者、政策立案者等による長年の議論を経て生み出されてきた社会的な産物といえる。国際的な規範や枠組みは国際開発におけるソーシャルワークの実践をある程度方向付ける

---

[5] https://www.ifsw.org/what-is-social-work/global-definition-of-social-work/（アクセス日：2019年9月1日）
[6] その一方で、ソーシャルワークのグローバル定義を所与のものとして受け取るべきではない、という議論がある。たとえば、ソーシャルワーカーはそもそも専門職のみであるのかという疑義や、西洋至上主義の観点からの現地固有化（indigenisation）についての視点への反論など、グローバル定義そのものへの批判的な議論も求められる（Akimoto, 2017）。

ものであろう。しかしながら、国際的な規範等が現場にどのように、どの程度取り入れられるかは状況によって異なり、また実践のあり方についての唯一の共通認識があるわけではない状況の下で、ソーシャルワークは文脈依存的な実践になると考える。

　たとえば、国連障害者権利条約における重要な概念として「合理的配慮」がある。「障害者が他の者との平等を基礎として全ての人権及び基本的自由を享有し、又は行使することを確保するための必要かつ適当な変更及び調整であって、特定の場合において必要とされるものであり、かつ、均衡を失した又は過度の負担を課さないもの」[7]と定義されている。しかしながら、それが各国の社会文化的文脈の中で何を意味するのか、大きく異なってくることが予想される[8]。つまり、各国において慣れ親しまれていない概念が導入されたときに、現実場面では異なる解釈や、ときには混乱さえ生じうる（第4章の障害統計も参照）。

　社会福祉実践に関わる例としてはソーシャルワーク専門職のグローバル定義がある。「この定義は、各国および世界の各地域で展開してもよい」と附記されている。また、同定義の策定の過程では文脈依存的な側面を強調する提案者もいた[9]。たとえば、Vishanthie Sewpaul博士は同定義の案を提起しており、その冒頭において「ソーシャルワーク専門職は、文脈的に決まるものであり（'The social work profession, which is contextually determined……'）」と明記している。

　ソーシャルワーカーの個人レベルの視点から見れば、どのような国や地域に、どのような組織の一員として関わり、またどのような役割を担うかによって、その実践は多様に変化しうる。つまり、クライエントや当事者だけではなく、現地のソーシャルワーカーや国内外の関与者等との関係性の中で、国際開発におけるソーシャルワークの実践のあり方は変容しうるのではないか、と考える。次に、そのような文脈依存的な実践を大きく左右するものとして、多様な関与者との関係性やソーシャルワーカー自身の位置付けなどについて議論する。

7　「障害者の権利に関する条約」第二条（日本政府公定訳）より。https://www.mofa.go.jp/mofaj/files/000018093.pdf
8　実際、開発途上国で障害者と対話するときに、たとえば、「合理的配慮といっても、何をどの程度言うのか」と議論になることがある。
9　http://cdn.ifsw.org/assets/ifsw_85554-5.pdf（アクセス日：2019年9月1日）

2．非対称な関係性の中にある実践

　二国間の開発協力の文脈におけるソーシャルワークを例にとると、プロジェクトのような形式で実施されることが多いと思われる。政府開発援助の一環として行われる社会福祉領域での人材派遣や技術協力事業等[10]においては、現実的には、ソーシャルワーカーは何らかの組織に所属して実践することが多いであろう。私自身の例では、青年海外協力隊としてスリランカの地方自治体へ（第3章）、JICA専門家としてモンゴルの中央省庁へ配属され（第4章）、ソーシャルワーク実践を行った。そのような位置付けのもとで行われるソーシャルワークにおいて、多様な関与者との関係性やポリティクスは実践のあり方を左右する重要な要素となりうる（Buse et al., 2012）。本節では、関与者との関係性は本質的に非対称である一方で、それは静的なものではなく、動的で常に変化していくものであることを述べる。

1）関与者の多様性

　国際開発において、ソーシャルワーカーが置かれる立場や関わる人々と組織は状況によって大きく異なる。マクロレベルでは、二国の政府間の関係がある。現場レベルでのソーシャルワーク実践そのものに即直結はしないかもしれないが、その背景には、たとえば自国の国益や国別開発協力方針等があり、間接的に関わってくることがある。また、組織レベルでは、受入先機関（カウンターパート）と派遣元の機関との関係性があるとともに、その他のドナー機関等の関与者が同じ領域で活動している場合も多い。私の場合はJICAが派遣元の機関であり、その他のドナー機関・組織として国際協力NGOや海外の国際機関（二国間援助機関、開発銀行、国連機関等）が活動していた。関与者の中には、プロジェクトのスコープや活動等がオーバーラップする可能性のある組織もあり、重複する効果が予測される場合にはドナー間の役割分担（いわゆるデマケーション）が必要となることがある。加えて、現場レベルにおいては、現地の同僚や上司、当事者とその家族、その他の関与者との関係がある。

---

10 国家間や組織間にて社会福祉の協力に関わる合意文書（たとえばRecord of Discussion）を締結するまでの調査や交渉等も、国際社会福祉の範疇に入ってくるだろうが、本章では実際の活動に焦点化する。

　このように、日本国内のソーシャルワーク実践における関与者よりも多様で複雑である傾向がある。つまり、日本の地域生活支援活動等の対象であり協働者にもなる障害者やその家族、保健福祉等の関係機関だけではなく、国内外のより多くの関与者との関係が目の前あるいは背景にある、ということである[11]。

　国際開発において、ソーシャルワーカーの立場や役割にもよるであろうが、そもそも障害者やその家族などの一次的な関与者に直接的に支援するのではなく、現地のワーカー等の関与者への協力を通じた間接的な活動になることが想定される。先述のとおり、スリランカでの活動では、カウンターパートの社会福祉担当官が障害者や家族への相談支援を含む直接支援活動や協働的実践を行っており、私はそのカウンターパートの活動への助言や協力を中心に行った。また、モンゴルにおいては、政策づくりやその実施に関する活動が中心となるため、中央省庁の行政官や障害分野NGOの代表者等との取り組みが多い。

２）非対称な関係性とソーシャルワーク実践

　国際開発の世界においてソーシャルワーカーは情熱（passion）や使命感を持って、現地に入る場合が多いのではなかろうか。また、海外に派遣されたソーシャルワーカーは、現地の文化や習慣を尊重しつつ、人々との「対等」な関係やパートナーシップづくりのあり方を探求することになるであろう。しかしながら、現実問題として、現地の多様な関与者との非対称な関係性[12]に直面することがある。これは、ソーシャルワーカーの位置付けや役割によって一概には言えないものの、政府間で合意されたようなプロジェクトだけではなく、国際開発においてNGOワーカーによる実践等の中でも散見される（和田・中田,2010）。以下、ソーシャルワーカーの位置付け、各関与者からの期待、その他の差異など、非対称な関係性を表徴するものについて述べる。

　現地では、所属組織や現地受入機関の一員としてだけではなく、一住民（あるいは外国人）としてなど、多様な位置付けがある。私自身はスリランカの農村部において、日本人や外国人が少ない環境下で、現地の人々からは日本を表象する者として見られ、注目の的になるというような体験をしたことさえあ

---

11 第２章でも触れたように、日本の被災地の緊急災害支援でも、国内外から援助団体やドナー機関があふれるように入っていたため、類似する状況があった。
12 社会福祉実践における利用者と援助者における非対称な関係性に関する議論は児島（2015）を参照のこと。

る。基本的には、親日派の人々が多かったが、増大する中国による経済協力やその影響（巨額の債務等）もあってか、顔だけ見て「中国人か」と聞かれるようなことも多かった。

　二国間の開発協力において、海外からのソーシャルワーカーは開発途上国の自立発展や主体性の向上を促進するという視点を持って実践する場合でも、派遣元である所属先からの期待や評価がある。合意内容や立場等により程度の差はあるが、たとえば、実践活動の成果やそのアピールを期待されることがある。青年海外協力隊の場合は、具体的な成果を強く求められるものではないが、報告書には成果を示すことになっており、またJICAから注目される活動は広報に活用される場合がある。JICA専門家の場合は、政府間で合意する目標や成果を達成することが求められる。

　政府開発援助は日本の税金によって賄われているという理屈があるし、NGO等においては寄付者や助成団体への説明責任が問われるという背景がある。結果として、現地にとって「良い」活動であるか否かだけではなく、見栄えの良い活動が注目され、強化されるということも起こりうる。他方、海外からの支援という立場をあえて積極的に活用し、現地で啓発活動等を効果的・戦略的に行うこともありうる。たとえば、モンゴルにおいてDPUBは、テレビ、インターネット、新聞等のメディアを通じて、プロジェクトの関係者と共同して活動を紹介しながら広く障害理解の啓発を図る取り組みを行った。

　現地の人々からの期待もある。最も象徴的なものは、経済的な援助への期待である。先進国からやってきたソーシャルワーカーに会うだけで「何か（たとえば金銭、物品、ビザ手続き等）もらえるのではないか」と期待されることにも、しばしば直面する。現地の人々が本気で懇願してくるというよりは、珍しい外国人との日常会話の中で、「あわよくば」という希望程度のものを言っているだけの場合も多いが、関係者間における予算交渉に関わる議論ではシビアな問題になることもある。また、ソーシャルワーカーやプロジェクトが持つリソースや技術等への期待がある。先進国の最新の技術や知見を導入したいという声や、国際基準を学びたいという声を聞くことがある。本気で現地の課題を解決するために必要と考えている人もいれば、国際的なものが優れているはずだと信じている人などもおり、人々の意識や関心度の違いにより、その意味は異なるようにも思われた。いずれにしても、二国間の関係者により公式に確認されたニーズや要望だけではなく、社会経済的な格差等のある海外からやって

きたソーシャルワーカーに対する現場からの意図せざる期待や眼差しにどのように応えるか問われる場面がある[13]。

　また、現地関与者との非対称な関係性に関わる要素として、文化や宗教等の違いがある（コラム6）。モンゴルもスリランカも仏教徒がマジョリティであるが、チベット仏教や上座部など、日本の多くの仏教の宗派とは異なる部分がある。また、スリランカにおいては仏教、ヒンドゥ教、イスラム教、キリスト教などの宗教間の関係性も日常生活においてさえ顕在化してくることがあるため、より複雑な部分がある。

　さらに、時間感覚の差異がある。国際開発において人材派遣やプロジェクトの期間は、その性質上、1回あたり数年未満であることが多い。私の場合、スリランカでもモンゴルでもJICAとは約2年間の契約期間、日本国内の被災地支援事業においては1年数か月間の契約期間であった。しかし、現地の人々にとっては日常の生活や活動は継続していくものであり、時間枠がある海外からのソーシャルワーカーとは感覚が異なるのは当然であろう。プロジェクト後や派遣終了後の現地での持続可能性が問われたり、派遣終了前には追い込みで事を急いだりすることもあるかもしれないが、時間枠組みに伴う差異にも敏感である必要があろう。

　以上のような非対称な関係性とその中にある諸要因は、海外から入ったソーシャルワーカーが活動を進める上で抱えるジレンマにつながりうる。たとえば、開発途上国に役立ちたいと想いながらも、「これでよいのだろうか」というような葛藤ともいえる感情である。他方、活動開始当初に非対称な関係であったとしても、それは静的なものではなく、実践過程の中で変化していくものでもある。たとえば、現地で人々との活動を通じて信頼関係を醸成し、活動する集団の「一員になっていく」というような体験がある。私も、現地の関係者から「兄弟」、「家族」、「仲間」というように呼称されるような経験もあったが、純粋に嬉しいものでもある。そのような実践過程の中で、ソーシャルワークはどのように取り組むことができるかの一端について、以下議論する。

---

13 CBRやPHCにおいては、現地の地域社会に受け入れられるような適正技術や地域資源の有効活用が推奨されてきた一方で（松田ほか、2010）、開発途上国におけるイノベーション等への期待やそれを応用する力についての議論も起こっていることは注目に値する（Midgley, 2017）。

コラム６．日常の活動における宗教

　スリランカの農村部における実践の中で、とても印象深く残っているものの一つは、活動や生活と宗教との関係である。スリランカは、仏教を信仰する人が７割程度を占めるが、その他にヒンドゥ教、イスラム教、キリスト教等の信者から成る多宗教国家である。それを象徴するものとしてスリランカ南東部にカタラガマ（Kataragama）神殿がある。同神殿には、仏教徒だけではなく、セイロン島の先住民であるウェッダー族、ヒンドゥ教徒、ムスリムの宗教施設がある。2015年に同神殿を訪れたときは、感覚としては神聖さよりも、多様性と熱気を感じた。

　さて、私が赴任した農村は、郡内人口の99％以上が仏教を信仰するシンハラ人であった。生活や活動のいたるところで、仏教が当たり前の形で融合されていることに衝撃を受けた。活動先では、毎朝、職員全員で野外でお経を唱えることから始まる。簡易作業所や各種会合でも、開始時にお経を唱えることが多かった。そして、特別な行事には、近隣の寺から仏僧が来て、説法を与えることもしばしば行われていた。

　さらに、満月の日（poya day）かそれに近い日には、障害者やその家族が白装束にて寺に参拝し、１日を過ごす、という行事も行われていた。私も一緒に参加することが多かった。正直なところ、仏僧の説法の言葉（シンハラ語以外のパーリ語などの用語も混在）は理解し難かったが、このような宗教行事が狭義の信仰そのものの意味にとどまらず、参加者が同じ空間と時間を過ごすことで一体感を醸成している側面があることを身をもって感じた。

　人々との日常的な話の中にも、仏教の話や言葉が盛り込まれていた。たとえば、日々の取り組みの動機付けとして「功徳（pin）」という言葉が頻繁に聞かれた。複数のCBRボランティアは、障害分野の活動に参加することが功徳につながる、と語っていた。また、社会福祉担当官は、障害者が社会に参加し貢献することの機会を拡大させることや興味を引き付けることを意図して、仏教に関連する単語や逸話もよく語っていた。

　このように、日常においても、活動においても、またソーシャルワークにおいても、宗教は切り離せないものであった。外部から入ってきた私としては、上座部仏教の教えや儀礼が、様々な活動の活性剤になっているようにも思えた。仏教ソーシャルワークの議論も参照されたい（Akimoto, 2020）。

写真　カタラガマ神殿内のモスク（2015年１月）

3．共同創造による実践に向けて

　ここまで、ソーシャルワークは国際的な規範や価値などを考慮しながらも、多様な関与者との関係性や固有の状況・環境の中で、文脈依存的な実践になることを述べてきた。本節では、そのような実践に求められる視点の一つが、現地の人々との共同創造[14]である、ということを提案したい。

　実践における知の創造については、知識創造理論（野中・紺野, 1999）に基づき、国際開発（Nishihara et al., 2017）やソーシャルワーク（藤井, 2003）においてもすでに議論されている。この理論では、共同化（socialisation）、表出（externalisation）、結合化（combination）、内面化（internalisation）の螺旋的な過程を経て、知識を創造していくことが示されている。つまり、諸個人や集団・組織の中で共有されている暗黙知を言葉により形式知として表出化し、その形式知を組み合わせることによって課題解決に導く新たな形式知として統合し、その新しい形式知を個人が内面化し実践する、ということが示されている（野中・紺野, 1999）。

　その視点を参考にしながら、私自身の実践の中から見出したポイントについて述べる。第一に、諸活動の前提として、現地で当たり前とされている活動や考え方等（暗黙知に相当）を学び合うということである。これは、外部からやってきたソーシャルワーカーが、人々との対話の中で、現地では当たり前の事象の意味を相互に理解していくという過程である。公式・非公式の情報を収集し分析するとともに、現地ワーカーや当事者等が関わる活動に参加しながら観察したり、彼ら自身からその意味を聞いたりすることなどによって、互いに理解を深めていくことになる。

　たとえば、私は、スリランカの農村部で現地ワーカーがコーディネートするCBRにおいて、社会経済的な活動だけではなく、上座部仏教の行事や儀礼が統合されている状況を目の当たりにした。日本では、宗教関連の団体を除いて、そのような活動が取り入れられることは少ないものと思われるが、私自身もこれまで見たことがないようなものであり、それが持つ意味やその背景にあるニーズを理解しようと心がけた。現地語であるシンハラ語によって対話して

---

14 Co-productionの概念はOstrom等によって提唱されたといわれ、保健医療福祉においても浸透しつつある（伊勢田, 2019）。

はいたが、生きてきた環境や文化が異なり、必ずしも現地の人々と同様の認識を持つまでには至らなかったり、私自身が見出した機能や意味は現地の人々との認識と同じではないこともあった。それでも、現地の事情を理解し協働実践を進める上で、対話によりそのような意味を探る行為の過程自体が重要であると感じた。そのような対話が現地の人々の気づきにつながりうることも体感したのである。

　その一方で、非対称な関係性にある海外からのソーシャルワーカーが現地の人々と対話することは容易ではないことがある。たとえば、質問（例：「なぜ○○なのですか？」や「○○は必要ですか？」）が、文字通りではなく、先進国からやってきたソーシャルワーカーに対する援助ありきの要望等をただ引き出すだけになる場合があり、日々のコミュニケーションの省察が必要であった（和田・中田, 2010）。まさに「このことか」と思うようなことは実践現場においても数多く経験したが、事実を聞きながら現地の現実に迫るような問いかけや、互いの省察や気づきを重ねることを心がけた。

　第二に、現地の関与者との対話の中での共同的な表出化と行動がある。地域社会や個別のニーズと課題を見出し、その解決に向け、現地の人々との実践の創造に向かうことになる。それはフィールドでの日常的な活動を含む、多くの取り組みに当てはまるものである。海外からのソーシャルワーカーとしては「このように見えるがどうなのか」という確認や、「このように考えることはできないか」というような提案を含め、現地の人々との対話を続け、具体的な活動をともに行っていくことになる。現地の人々と共通の目標[15]を持って戦略的に実施するということが理想的ではあるが、場当たり的な活動になることもある。それは、ソーシャルワーカーのアプローチの仕方だけではなく、社会文化的な背景や関与者の考え方によっても異なるだろう。外部からやってきたソーシャルワーカーが上手くいかなさや違和感を感じるところにこそ、重要な暗黙知などがあるのかもしれない。

　また、障害分野において、当事者との対話に基づく共同創造の視点は重要である。私の場合は、スリランカにおいてもモンゴルにおいても行政側に配属と

---

15 JICAの技術協力プロジェクトでは、公式にはプロジェクト・デザイン・マトリクス（PDM）を用いる。PDMにある指標や内容は、現地のニーズや課題を明らかにする中で、関係者とともに修正していくものである。

なったが、障害分野NGOや当事者・家族会との対話無くして実践はあり得なかった。当事者という場合、NGOの代表者や当事者会の会長、中心的な会員の声を聴く機会は自然と多くなる。しかし、現地の中で周辺化されている人々の声にも注意を払う必要がある。象徴的なケースとして、スリランカの農村部で、経済的に貧困な世帯において、精神障害や発達障害のあると思われる人が座敷牢のような部屋に入れられている場面に遭遇することが何度かあった（第3章参照）。家族が抱える困難さ、家族による当事者の意向の代弁や言い分などがあり、当事者の語りを引き出すこと自体が挑戦である場合もあった。現地のワーカー等とともに、地域内や世帯内のダイナミクスを含む環境を把握し、地域社会の中で埋もれている当事者の存在や声に注目していくことも求められるであろう。

　第三に、現地のニーズや状況に合わせて、外部からの知や方法について紹介や提案をし、新たな政策・実践・知を生み出すことがある。これは、ソーシャルアクションや社会資源開発等の観点を持ちながら、現地の関与者において何らかの社会的な変化を起こすことを期待するものである[16]。

　たとえば、海外から入ったソーシャルワーカーが、現地の人々と見出したニーズや課題に対して、導入されていない情報や技術をセミナーや会合等で紹介したり協議したりすることがある。第4章でも述べたとおり、モンゴルにおいて、私を含むDPUBが関わった取り組みの一つが、障害者白書の作成・発刊である。同白書は、モンゴル国内外でも幅広く活用され、情報のインフラともいえる機能を果たしている。

　また、ここまで述べてこなかったが、開発途上国や新興国の間での学び合いも行われることがある[17]。私は、事務的なコーディネーションでの関わりが中心的ではあったが、モンゴルの行政機関と障害分野NGOからの研修員とともにタイにあるアジア太平洋障害者センター（APCD）[18]にて実施された研修に参加した（コラム7）。タイの先進例から政府・行政と障害分野NGOが協力して国連障害者権利条約を履行する手段を学ぶと同時にモンゴルへの応用につい

---

16 社会的革新（social innovation）やリープフロッグ（leapfrogging）を含む。
17 JICAは、新興国や開発途上国が他の開発途上国を支援すること（南南協力）や、その南南協力を資金・技術・運営方法等で支援すること（三角協力）にも力を入れている（細野, 2012）。
18 APCDでは過去にJICA技術協力プロジェクトが実施された。https://www.jica.go.jp/project/thailand/005/index.html

て協議することが目的であった。帰国後、モンゴル国内で行政NGO連携会合等を開催するなど、現地の関係者は協議を継続している。

　しかし、そのような外部からの知識や情報、技術等が現地で受け入れられ活用されるのか、あるいは拒否や反発を生むのか等は、関与者との関係性、現地ニーズとのマッチング、さらにはタイミングなど、様々な要因によって変わってくるであろう。とくに、現地の暗黙知についての理解や協働的な表出と対話が欠如している場合、先進国の知の押し付けとパターナリスティックな権力性を持った活動に陥ることが懸念される（Midgley, 1981, 2009, 2017）。

　国際開発におけるソーシャルワークの観点からすれば、多様な文脈がある中で特定の型を持つこと自体に無理があるため、ある種バランスの問題であり、創意工夫が必要であると考える。日本のソーシャルワークでいわれるところの自己覚知（self-awareness）と同様に、国際ソーシャルワークが持ちうる権力性や関与者との関係性、ワーカー自身の位置付けとその変化等に敏感でありながら、絶え間ない省察が求められる。国際開発の世界において、ソーシャルワーカーは現場の中でときにジレンマを感じながらも、関与者との日々の対話により実践を進めていくことになるだろう。

4．まとめ

　本章では、私自身の開発途上国における経験を踏まえながら、国際開発分野のソーシャルワーク実践がはらむ困難さと可能性について論じてきた。国際開発の文脈においてソーシャルワークに対する批判的な（critical）眼差しが求められる。現時点で自明であり、目指すものとされる国際規範についても、現場の中で検証し議論することが必要である。また、本章は外部から入ってきたソーシャルワーカーの立場から記述したものであり、現地の人々や当事者の視点からの記述も重要である[19]。

　本章における主張の一つは、制度や実践に関して、フィールドでの共同創造や創意工夫が重要という点であった。現地の文脈を無視した欧米や日本による技術の移転は批判されるが、実際に制度や実践、知をいかに共同創造するかは容易なことではない。逆説的ではあるが、現地における文脈や知恵、技術に加

---

[19] 非西洋的ソーシャルワークについての探求は注目に値する（Akimoto, 2017, 2020）。

コラム7. タイ・スタディツアー

　2019年2月に、モンゴルとの気温差が60度程度あるタイ王国の首都バンコクにてスタディツアーを実施した。個人的にタイには二度ほど観光旅行で行ったことはあったが、障害分野に関わる研修や視察に参加したのは初めてであり、学ぶことが多かった。

　研修の受け入れ先はアジア太平洋障害者センター（APCD）であった。モンゴルからは、行政側4名とNGO側5名、DPUBから3名が参加した。スタディツアーの目的は、タイの経験から国連障害者権利条約の履行のあり方と、それに向けた行政とNGOの連携強化について学ぶことであった。

　タイ政府は、2007年に障害分野の基本法にあたるエンパワメント法を制定し、2008年に国連障害者権利条約を批准した。その過程で、主要な障害者団体の代表が参加し、首相を長とする障害者政策委員会を設立した。障害者団体の要求を上手く取り入れながら政策を策定、実施、評価している。またタイの障害者団体は、障害者協議会という統括的な組織を設立し、障害者団体が結束して政府に影響を与えるような組織へと成長している（千葉, 2018）。このような観点から、タイ政府がどのように障害者団体と協力し、また障害者団体はどのように政府への影響力を維持しているのかを理解した上で、モンゴルへの示唆を得ることを狙いとした。

　モンゴルの参加者からは、タイにおける行政とNGOの連携の実際や、NGOがまとまって声を上げることができる背景などについて質問が相次ぐとともに、モンゴルの課題についても参加者間で議論を行った。障害当事者のリーダーシップ、何を目指すのかというビジョン、予算・資金調達などの様々なテーマが議論された。帰国後には、モンゴルにおいて、「行政NGO連携セミナー」が開催された。行政とNGOの連携はもとより、NGO間の団結が不十分な状況があり、本スタディツアーのメンバーが中心となりながら協議を行っている。モンゴルでは極小のNGOが個々に活動していることが多いという独特な背景があり、過去にもNGO間のネットワークづくり等が試行されたこともあったようだが、継続的な協議が必要な状況にある。

写真　タイ・スタディツアーを踏まえた行政NGO連携会合（2019年3月）

えて、国際開発において議論されてきた学際的な理論や技術についても批判的視点を持って学び合っていくような柔軟性があってもよいのではないかと考える。

　国際開発協力においては、関与者間において社会経済的に非対称な関係性や政治的な文脈等の現実がありながらも、人々との対話から創造的な実践を始めることができる、と信じている。

おわりに

　本書では、私自身の現場経験を通じて、障害分野や精神保健福祉分野に関するソーシャルワーク実践について記述し、それをもとに考察を行ってきた。いくつかのエピソードからも明らかなように、私自身は人としても、ソーシャルワーカーとしても未熟な中で、周りの人々に助けられながら、育てられてきたという想いが強い。今でも同じような状況があり、あまり変わっていない部分もある。

　元々は、阪神・淡路大震災を経験し、押し付けのような「支援」や「援助」といったものに対して、ある種の抵抗感、違和感、さらには疑問を持ちながらソーシャルワークを学んだ。しかしながら、ソーシャルワークの現場では、いわゆる相談支援や緊急援助のような支援活動にも携わり、その中で壁にぶつかることも多かった。そのような相反するような（ambivalent）視点は、たとえば国際開発協力における実践のあり方への洞察を含めて、常に持ってきたものかもしれない。言い換えると、ソーシャルワークが持つ権力性への批判的な視点と、ソーシャルワークが持つ可能性への眼差しと、その両面に関心があったのかもしれない。現時点では、自分なりに折り合いを付けたり、ときには価値と活動の間にジレンマを抱えたりしながら、実践に取り組んでいる。

　そのような中で行きついたことは、協働やともにある活動を基本とする、ということである。そして、社会にある問題や人々のニーズに対して、現地や地域の協力者と協働していく、という視点である。人々のニーズや社会問題への眼差しを持つことは、社会を変えていく、ということにもつながるであろう。やどかりの里の活動の中で学んだ協働と社会変革の視点が原点となっている。どこまで実践できているかは別としても、国や地域、またその中での役割や立ち位置は違えど、そのような視点は共通して求められるのではないか、と考えている。

　また、本書で表したかったもう一つは、ソーシャルワーカーとしての活動の幅の可能性についてである。主に私自身の活動に焦点を当てたため、描けたものには限界があるが、個別の支援活動の取り組み（ミクロ・レベル）、地域に根ざした草の根の実践（メゾ・レベル）、政策や国レベルでの取り組み（マクロ・

レベル）をそれぞれ記すことを心がけた（Cf. 井上・川崎, 2011）。各現場での取り組みは直接関連しているわけではないが、それらが私自身の中で包括的につながるという感覚を持つに至った。ある現場で働くときに、理想的には包括的な実践ができるに越したことはないが、現実的にはどこかのレベルに注力した実践になることが想定される。その場合でも、目の前の事象を超えて、その背景に思いを馳せていくことの重要性について、改めて感じた。

　日本の実践現場から言えば、私は中堅程度に足るか足らないか程度の現場経験しか持ち合わせていない。本論においても、様々な未熟な点が含まれていると考える。しかしながら、本書で記した活動や経験が何らかの形で読者に刺激を与えるものになれば、この上なく嬉しいことである。私としては本書で記した経験をもとに社会に何らかの形で還元していきたいと考えている。

コラム8．海外赴任と新たないのち

　モンゴルへの赴任にあたり、2018年6月から妻が随伴家族として滞在してくれた。妻も青年海外協力隊としてウズベキスタンに2年間赴任した経験があったが、私と妻にとってはモンゴルでの生活は初めての経験であった。

　プロジェクト実施地が首都のウランバートル市内であったため、市内近郊で過ごすことが多かった。夏場は大変過ごしやすく、長期休暇中には広大な草原での乗馬や、南ゴビ砂漠への旅行などを楽しんだ。冬場は極寒と大気汚染で厳しい環境であった。

　2019年5月頃に、妻が妊娠したことがわかり、大変嬉しかった。他方、海外での妊娠についてはイメージもなく、ともに手探りな部分があった。妻はウランバートル市内の私立病院で月1回程度の妊婦検診を受けた。同病院の設備については、想像以上に質の高い機器が入っていた。薬局で処方薬の在庫が切れているなど、病院内のシステムに一部スムーズではない点があったが、大きな問題はなかった。また、在モンゴル日本大使館より日本の母子手帳を受領することもできた。10月に出産のため妻は日本に一時帰国した。

　海外に住んでいたことが影響して、産院探しなど、日本での出産に向けた準備には苦労する部分があった。幸いにして、まき助産院という素晴らしい助産院と出会うことができ、2020年1月に母子ともに無事出産することができた。

　しかし、2020年2月上旬に私がモンゴルに戻った前後に、新型コロナウイルス感染症（COVID-19）の世界的な蔓延が起こった。当初、妻と息子も数か月後にモンゴルに渡航する予定であったが、モンゴルにおける日本滞在者の入国制限が発令され、離れ離れの生活となった。日本では助産師さんによる産前産後のフォローや、子育て支援ヘルパー、大家さんなどの支援もあって、何とか乗り越えることができた。その後、JICAと在モンゴル日本大使館からの協力を得て、5月にチャーター機にて日本へ帰国する目処が立った。個人また家族としての駐在や国際協力との付き合い方について考えさせられた。

　そのような苦難はあったが、子どもの出産後、本当に多くの人々に助けられたと感じている。今後は家族とともに、生きる道を地道に探っていきたい。

写真　静岡市内のまき助産院にて（2020年1月）

【引用文献】

Akimoto, T. (2017). The globalization of western-rooted professional social work and exploration of Buddhist social work. In Gohori, J. *From western-rooted professional social work to Buddhist social work: Exploring Buddhist social work* (pp.1-41). Tokyo: Gakubunsha.

Akimoto, T. (Ed.). (2020). *Buddhist social work in Sri Lanka: Past and present.* Tokyo: Gakubunsha.

Anthony, W.A. (1993). Recovery from mental illness: The guiding vision of the mental health service system in the 1990s. *Psychosocial Rehabilitation Journal,* 16(4), pp.521-538.

Buse, K., Mays, N., & Walt, G. (2012). *Making health policy.* Berkshire: Open University Press.

Carr, L., Darke, P., & Kuno, K. (2012). *Disability equality training: Action for change.* Selangor: MPH Group.

Davies, P. (2012). 'Me', 'me', 'me': The use of the first person in academic writing and some reflections on subjective analyses of personal experiences. *Sociology,* 46(4), pp.744-752.

Fujii, S., Kato, H., & Maeda, K. (2008). A simple interview-format screening measure for disaster mental health: An instrument newly developed after the 1995 Great Hanshin Earthquake in Japan–the Screening Questionnaire for Disaster Mental Health (SQD). *Kobe Journal of Medical Sciences,* 53(6), pp.375-385.

Gillespie-Sells, K., & Campbell, J. (1991). *Disability equality training: Trainers guide.* London: Central Council for Education and Training in Social Work.

Higashida, M. (2018). Relationship between the policy and practice of community-based rehabilitation: A case study from Sri Lanka. *Journal of Kyosei Studies,* 2, pp.1-31.

Higashida, M. (2019). *Developmental social work in disability issues: Research and practice for promoting participation in rural Sri Lanka.* Hyogo: Ashoka Disability Research Forum.

Higashida, M. (2020). Consolidating information on disability-inclusive policies: A case study on white papers in Mongolia from the perspective of international technical cooperation. *Asia-Pacific Journal of Social Work & Development,* 30(2), pp.122-130.

ILO, UNESCO, & WHO. (2004). *CBR: A strategy for rehabilitation, equalization of opportunities, poverty reduction and social inclusion of people with disabilities: Joint position paper.* Geneva: WHO.

Midgley, J. (1981). *Professional imperialism: Social work in the third world.* London: Heinemann.

Midgley, J. (1997). *Social welfare in global context.* Thousand Oaks: Sage.

Midgley, J. (2009). Promoting reciprocal international social work exchanges: Professional imperialism revisited. In Coates, J. (Ed.). *Indigenous social work around the world: Towards culturally relevant education and practice* (pp.31-47). London: Routledge.

Midgley, J. (2017). *Social welfare for a Global era: International perspectives on policy and practice.* Thousand Oaks: Sage.

Mitra, S. (2018). *Disability, health and human development.* New York: Palgrave MacMillan.

Nishihara, A.H., Matsunaga, M., Nonaka, I., & Yokomichi, K. (Eds.). (2017). *Knowledge creation in public administrations: Innovative government in Southeast Asia and Japan.* Cham: Springer.

Peat, M. (1997). *Community based rehabilitation.* WB Saunders Company.

WHO, UNESCO, ILO & IDDC. (2010). *Community-based rehabilitation: CBR guidelines.* Geneva: WHO.

伊勢田堯. (2019). 「コ・プロダクションモデルからの学びと期待」『響き合う街で』87, pp.3-10.

井上孝徳・川崎順子. (2011). 「地域包括ケアシステムの構築をめざしたソーシャルワークの実践的課題の一考察—ミクロ・メゾ・マクロ領域の連動性と循環性」『九州保健福祉大学研究紀要』12, pp.9-19.

NCTSN & NCPTSD (兵庫県こころのケアセンター訳). (2009). 『サイコロジカル・ファーストエイド実施の手引き第2版』.

江間由紀夫. (2014). 「『生活支援論』」再考—谷中輝雄の遺したもの」『東京成徳大学研究紀要』21, pp.45-53.

ガーゲン, K.J. (杉万俊夫・矢守克也・渥美公秀監訳). (1998). 『もう一つの社会心理学—社会行動学の転換に向けて』. ナカニシヤ出版.

機関間常設委員会. (2007). 『災害・紛争時等における精神保健・心理社会的支援に関するIASCガイドライン』.

木村真理子. (2005). 「災害とソーシャルワーク—災害時における危機介入のソーシャルワーク」『精神保健福祉』36(4), pp.354-357.

久野研二. (2018). 『社会の障害をみつけよう——人ひとりが主役の障害平等研修』. 現

代書館.

久野研二・Seddon, D. (2003). 『開発における障害(者)分野のTwin-Track Approach の実現に向けて』. 国際協力事業団国際協力総合研修所.

栗本かおり. (2002). 「ボランティア活動の与え手と受け手との関係及びその関係改善に関する一考察」『岩手県立大学社会福祉学部紀要』5(1), pp.27-33.

児島亜紀子 (編). (2015). 『社会福祉実践における主体性を尊重した対等な関わりは可能か—利用者・援助者関係を考える』. ミネルヴァ書房.

さいたま市障害のある人のケアマネジメント研究会 (編). (2007). 『障害のある人とともにあるケアマネジメントと地域支援システム』. やどかり出版.

佐々木亮平. (2011). 「心のケアとなる居場所づくりをめざして—復興へ向かう陸前高田市のいま (第八報)」『地域保健』12, pp.54-61.

障害平等研修フォーラム. (n.d.). 「障害平等研修とは」. 参照先：http://detforum.com/about/ (accessed 23 July 2019)

高橋洋平・徳永景子・東田全央・福地健太郎・宮下明子・米田裕香. (2018). 「JICAの社会保障分野およびソーシャルワーク関連の取り組み」. 宇佐見耕一・岡伸一・金子光一・小谷眞男・後藤玲子・原島博 (編). 『世界の社会福祉年鑑2018〈2019年度版・第18集〉』(pp.25-54). 旬報社.

千葉寿夫. (2018). 「途上国における障害者運動史の分析視覚—タイ障害者運動を事例として」『障害学研究』14, pp.223-247.

遠塚谷冨美子・吉池毅志・竹端寛・河野和永・三品桂子. (2016). 『精神病院時代の終焉—当事者主体の支援に向かって』. 晃洋書房.

中島修. (2009). 「災害時のソーシャルワークとソーシャルサポートネットワークの構築に関する研究」『科学研究費補助金研究成果報告書』.

野中郁次郎・紺野登. (1999). 『知識経営のすすめ—ナレッジマネジメントとその時代』. 筑摩書房.

東田全央. (2012). 「東日本大震災における心理社会的サポート—日本国際民間協力会 (NICCO) による被災者支援活動の報告」『響き合う街で』61, pp.15-23.

東田全央. (2015). 「スリランカの地域に根ざしたリハビリテーション (CBR) におけるソーシャルワーカー隊員の役割—農村部におけるJICAボランティアの実践から」『国際保健医療』30(2), pp.77-86.

東田全央. (2019). 「多元的な障害統計をどのように捉えるか—モンゴル国の事例から」『共生学ジャーナル』3, pp.139-152.

東田全央. (2020a). 「国際開発ソーシャルワークのフロンティアにおける挑戦—二国間の協働実践の文脈における関係性についての考察を中心に」. 岡伸一・原島博 (編). 『新 世界の社会福祉—第12巻国際社会福祉』(pp.410-426). 旬報社.

東田全央. (2020b).「障害平等研修（DET）の評価方法に関する試論―文献レビューを踏まえたモンゴル国における調査の検討」『共生学ジャーナル』4, pp.152-171.

東田全央・細江達郎. (2003).「地域で生活する精神障害者の障害者としての『社会的位置づけ』に関する社会心理学的研究―参与観察を通して見出された『障害者モード』という仮説」『岩手フィールドワークモノグラフ』5, pp.15-29.

日和恭世. (2015).「ソーシャルワークにおけるreflection（省察）の概念に関する一考察」『別府大学紀要』56, pp. 87-97.

藤井達也. (2003).「ソーシャルワーク実践と知識創造」『社會問題研究』52(2), pp.101-122.

藤井達也. (2004).『ともに生きる歩み―精神障害者家族・研究者・実践者として』. やどかり出版.

細江達郎. (1985).『下北半島出身者の職業的社会化過程についての再追跡調査研究（Ⅱ）―フィールドノートとケースレポート』. トヨタ財団研究助成報告書.

細野昭雄. (2012).「南南協力・三角協力とキャパシティー・ディベロップメント（国際援助潮流の流動化と日本の ODA 政策）」『国際問題』616, pp. 32-43.

堀澄清. (2007).『70歳を目前にして，今，新たな一歩を―精神障害者であることに変わりないが』. やどかり出版.

マーゴリン, L.（中河伸俊・上野加代子・足立佳美訳）. (2003).『ソーシャルワークの社会的構築―優しさの名のもとに』. 明石書店.

増田一世. (2005).『もう１つの価値』. やどかり出版.

増田一世. (2009).「家族の状態調査から見えてきたこと」『響き合う街で』51, pp.22-26.

増田一世・堀澄清・渡邉昌浩. (2006).『これでいいのか障害者自立支援法・1　障害のある人からのQ&A　緊急出版―やどかりの里は訴える』. やどかり出版.

松田正己・奥野ひろみ・菅原スミ・藤井達也・小山修（編）. (2010).『変わりゆく世界と21世紀の地域健康づくり―やってみようプライマリヘルスケア』. やどかり出版.

三島亜紀子. (2009a).「障害平等研修（DET: Disability Equality Training）と日本の福祉教育への示唆―その理念と特長」『東大阪大学・東大阪大学短期大学部教育研究紀要』7, pp.1-8.

三島亜紀子. (2009b).「障害平等研修（DET: Disability Equality Training）と日本の福祉教育への示唆―イギリスにおける実践の事例」『東大阪大学・東大阪大学短期大学部教育研究紀要』7, pp.9-17.

三石麻友美・中村由佳・大澤美紀・玉手佳苗. (2006).「障害当事者が参画する退院支援の活動展開―やどかりの里における退院支援の取り組み」『響き合う街で』38,

pp.29-32.

やどかり出版（編）.（2001）.「やどかりの里の人々の思いを聞く―やどかりの里状態調査」『響き合う街で』18.

谷中輝雄.（1996）.『生活支援―精神障害者生活支援の理念と方法』. やどかり出版.

山本耕平.（2006）.「PTSDのソーシャルワーク」. 金吉晴（編）.『心的トラウマの理解とケア第2版』（pp.51-60）. じほう.

リーマー, F.G.（秋山智久訳）.（2001）.『ソーシャルワークの価値と倫理』. 中央法規出版.

和田信明・中田豊一.（2010）.『途上国の人々との話し方―国際協力メタファシリテーションの手法』. みずのわ出版.

【著者紹介】

東田　全央（ひがしだ　まさてる）

兵庫県西宮市生まれ。青森県立保健大学健康科学部社会福祉学科助教。博士（人間科学、大阪大学）、社会福祉士・精神保健福祉士。岩手県立大学社会福祉学部福祉臨床学科卒業、大阪府立大学大学院社会福祉学研究科博士前期課程修了、シェフィールド大学国際開発・公衆衛生学修士（MPH）課程修了、大阪大学大学院人間科学研究科博士後期課程修了。（公社）やどかりの里職員（2006〜2011年）、（公社）日本国際民間協力会スタッフ（2011〜2012年）、青年海外協力隊・ソーシャルワーカーとしてスリランカ赴任（2013〜2015年）、JICA研究所リサーチ・オフィサー（2017〜2018年）、JICA長期専門家としてモンゴル国赴任（2018〜2020年）を経て現職。

OMUPブックレット　刊行の言葉

　今日の社会は、映像メディアを主体とする多種多様な情報が氾濫する中で、人類が生存する地球全体の命運をも決しかねない多くの要因をはらんでいる状況にあると言えます。しかも、それは日常の生活と深いかかわりにおいて展開しつつあります。時々刻々と拡大・膨張する学術・科学技術の分野は微に入り、細を穿つ解析的手法の展開が進む一方で、総括的把握と大局的な視座を見失いがちです。また、多種多様な情報伝達の迅速化が進む反面、最近とみに「知的所有権」と称して、一時的にあるにしても新知見の守秘を余儀なくされているのが、科学技術情報の現状と言えるのではないでしょうか。この傾向は自然科学に止まらず、人文科学、社会科学の分野にも及んでいる点が今日的問題であると考えられます。

　本来、学術はあらゆる事象の中から、手法はいかようであっても、議論・考察を尽くし、展開していくのがそのあるべきスタイルです。教育・研究の現場にいる者が内輪で議論するだけでなく、さまざまな学問分野のさまざまなテーマについて、広く議論の場を提供することが、それぞれの主張を社会共通の場に提示し、真の情報交換を可能にすることに疑いの余地はありません。

　活字文化の危機的状況が叫ばれる中で、シリーズ「OMUPブックレット」を刊行するに至ったのは、小冊子ながら映像文化では伝達し得ない情報の議論の場を、われわれの身近なところから創設しようとするものです。この小冊子が各種の講演、公開講座、グループ読書会のテキストとして、あるいは一般の講義副読本として活用していただけることを願う次第です。また、明確な主張を端的に伝達し、読者の皆様の理解と判断の一助になることを念ずるものです。

平成18年3月

OMUP設立五周年を記念して
大阪公立大学共同出版会（OMUP）

OMUP

ＯＭＵＰの由来
大阪公立大学共同出版会（略称OMUP）は新たな千年紀のスタートとともに大阪南部に位置する５公立大学、すなわち大阪市立大学、大阪府立大学、大阪女子大学、大阪府立看護大学ならびに大阪府立看護大学医療技術短期大学部を構成する教授を中心に設立された学術出版会である。なお府立関係の大学は2005年４月に統合され、本出版会も大阪市立、大阪府立両大学から構成されることになった。また、2006年からは特定非営利活動法人（NPO）として活動している。

Osaka Municipal Universities Press (OMUP) was established in new millennium as an association for academic publications by professors of five municipal universities, namely Osaka City University, Osaka Prefecture University, Osaka Women's University, Osaka Prefectural College of Nursing and Osaka Prefectural College of Health Sciences that all located in southern part of Osaka. Above prefectural Universities united into OPU on April in 2005. Therefore OMUP is consisted of two Universities, OCU and OPU. OMUP has been renovated to be a non-profit organization in Japan since 2006.

OMUPブックレット No.66

もう一つのソーシャルワーク実践
―― 障害分野・災害支援・国際開発のフロンティアから ――

2020年９月10日　初版第１刷発行

著　者　東田　全央
発行者　八木　孝司
発行所　大阪公立大学共同出版会（OMUP）
　　　　〒599-8531 大阪府堺市中区学園町1－1
　　　　大阪府立大学内
　　　　TEL　072 (251) 6533　FAX　072 (254) 9539
印刷所　和泉出版印刷株式会社